実務プロファイ読本

長島・大野・常松法律事務所 弁護士

勝山輝一 [編著] **村治能宗　松本岳人**
KATSUYAMA TERUKAZU　MURAJI YOSHIMUNE　MATSUMOTO TAKEHITO

一般社団法人 金融財政事情研究会

はじめに

　時代の変化が今、プロジェクト・ファイナンスのより一層の活用を求めている。例えば、脱炭素に向けて再生可能エネルギーの導入が急速に進んでおり、また、これまで「官」が運営してきた空港、スポーツ施設、公園、水道施設といった公共サービスの提供が「民」に移るケースも増えており、これらの多くでプロジェクト・ファイナンスが用いられているからだ。その結果、プロジェクト・ファイナンスに新たに関与することとなる方や、関与の度合いが深まる方もいるのではないだろうか。本書は、そうした方々の実務に少しでも役に立てばとの思いで執筆したものである。プロジェクト・ファイナンスを対象とした書籍が数多ある中で、本書は次の３点に特徴がある。

　まず、日本のプロジェクト・ファイナンスの実務に則している点である。日本では、再生可能エネルギー電気の固定価格買取制度（FIT）を活用した発電事業向けのプロジェクト・ファイナンスが組成されるようになって以降、不動産ファイナンスなど他のファイナンスの特徴を取り込みつつ、英米法とは異なる担保制度など日本法独自の特徴も存在する中で、海外の実務とは異なる独自の発展を遂げてきた。本書は、理論面を押さえつつも、日本における実務に則した解説を重視し、国内のプロジェクト・ファイナンスに携わる関係者にとって特に有益な内容となっている。

　次に、金融機関への出向経験を有する弁護士が執筆している

点が挙げられる。プロジェクト・ファイナンスの組成においては、金融的視点に基づく分析と法務的視点に基づく分析とが常に混然一体として行われる。執筆者はいずれも国内金融機関のプロジェクト・ファイナンスを取り扱う部署に出向経験を有する日本法の弁護士である。本書では、プロジェクト・ファイナンスの組成に携わる金融機関の視点・考え方も踏まえて、その法務の考え方を概観することを試みている。

　そして、実務への活用を意識した表現を心掛けた点も特徴である。理論面は基本的なコンセプトを理解しやすいようあえて平易な説明を心がけた反面、実務で特に問題となる論点やレビュー・交渉のポイントについて、多くの紙幅を割いて実務的な勘所を押さえることができるよう工夫した。

　本書が読者の業務の一助となり、日本におけるプロジェクト・ファイナンスの発展に少しでも寄与することができれば望外の喜びである。

2025年1月

勝山輝一・村治能宗・松本岳人

● 目 次

序 章 プロジェクト・ファイナンスの基礎とプロジェクト・ファイナンスが用いられるプロジェクト

1 プロジェクト・ファイナンスとは …………………………………2
2 プロジェクト・ファイナンスを活用するメリット …………………3
3 プロジェクト・ファイナンスが用いられるプロジェクト
……………………………………………………………………………4

第1章 プロジェクト・ファイナンスの仕組みと組成の全体像

1 プロジェクト・ファイナンスの関係当事者 ………………………8
2 融資関連契約の種類 ………………………………………………13
3 プロジェクト・ファイナンス組成手順 ……………………………16
4 プロジェクト・キャッシュフローとデット・サイジング
……………………………………………………………………………19
〈コラム①〉 プロジェクト・ファイナンスにおけるキャッシュ・フローの源泉 ………………………………23
5 プロジェクト・ファイナンス組成に必要なプロジェクトリスクのコントロール ……………………………………………25

第2章 融資関連契約の実務

1 ファイナンスタームシート ………………………………………32
2 シニアローン契約 …………………………………………………35
3 担保関連契約 ………………………………………………………46
〈コラム②〉 合同会社の社員持分の担保取得 ………………50
4 債権者間契約 ………………………………………………………52
5 スポンサーサポート契約 …………………………………………54

v

```
                                                        CONTENTS
```

　　　6　直接協定 ·· 55

第3章　プロジェクト関連契約の概要

　　　1　プロジェクト関連契約の種類 ··· 60
　　　2　各プロジェクト関連契約の特徴 ····································· 61
　　　〈コラム③〉　匿名組合性の否認リスク ··································· 67
　　　〈コラム④〉　匿名組合契約と不動産特定共同事業法 ············ 69

第4章　法的観点から見たプロジェクト・ファイナンス組成におけるエッセンス

　　　1　リスクの分担とその考え方 ·· 74
　　　2　プロジェクト関連契約のレビューとは ······························ 77
　　　3　プロジェクト関連契約のレビューと交渉を通じたリスク・コントロール ·· 80
　　　〈コラム⑤〉　なぜ「1年と1日」か ·· 109
　　　〈コラム⑥〉　倒産不申立誓約の限界 ····································· 110
　　　4　その他のリスク解消・緩和策 ······································· 116
　　　〈コラム⑦〉　EBL ··· 128
　　　〈コラム⑧〉　法的倒産手続と担保権の実行 ·························· 129

第5章　融資関連契約における交渉ポイント

　　　1　シニアローン契約 ·· 134
　　　〈コラム⑨〉　法律意見書 ··· 140
　　　2　担保関連契約 ·· 160
　　　〈コラム⑩〉　数年ごとの承諾書の取得 ································· 171

序章

プロジェクト・ファイナンスの基礎とプロジェクト・ファイナンスが用いられるプロジェクト

1　プロジェクト・ファイナンスとは

　プロジェクト・ファイナンスについて統一された定義はないものの、例えば、銀行経営の健全性基準に関する告示では、「事業法人向けエクスポージャーのうち、発電プラント、化学プラント、鉱山事業、交通インフラ、環境インフラ、通信インフラその他の特定の事業に対する信用供与のうち、利払い及び返済の原資を主として当該事業からの収益に限定し、当該事業の有形資産を担保の目的とするものであって、かつ、信用供与の条件を通じて信用供与を行った者が当該有形資産及び当該有形資産からの収益について相当程度の支配権を有するものをいう。」と規定されている（平成18年金融庁告示第19号銀行法第14条の2の規定に基づく告示1条43号）。

　上記の定義から読み取れる特徴としては主に三つある。

　一つ目は、プロジェクト・ファイナンスという名前のとおり、特定の事業（プロジェクト）に対する信用の供与であるという点である。プロジェクト・ファイナンスが組成される主な事業としては、例示されている発電プラント、化学プラント、鉱山事業、交通インフラ、通信インフラなどが典型的なものである。

　二つ目は、返済原資が特定のプロジェクトから生じる収益（キャッシュ・フロー）に限定される点である。この点で、多様な事業を行う（少なくともその可能性のある）会社全体の信用力に依拠して融資をするコーポレート・ファイナンスとは区別さ

れる。

　三つ目は、信用を供与する金融機関への返済を確実なものとするための工夫として、対象となるプロジェクトの関係者と締結する契約によってプロジェクトの範囲、実施方法をあらかじめ詳細に取り決め、原則として、プロジェクトを構成する全ての資産、権利等を担保対象とする点である。信用を供与する金融機関は、契約、担保等を通じてプロジェクトに対する支配を及ぼすことにより、事業性の変動余地を制限してキャッシュ・フローの予見性を高め、当該キャッシュ・フローから確実に返済が得られるような仕組みを作りあげることとなる。

2　プロジェクト・ファイナンスを活用するメリット

　コーポレート・ファイナンスと比較して、プロジェクト・ファイナンスを活用することには、事業を推進するスポンサーにとって種々のメリットがある。例えば、プロジェクト・ファイナンスでは、ノンリコース又はリミテッドリコースという形でスポンサーの責任（貸付人の遡及権）を限定することができる。また、スポンサーの企業としての信用力が高くない場合であっても、対象となるプロジェクトのキャッシュ・フローの創出能力が高い場合には、コーポレート・ファイナンスより多額の借入が実現できる場合もある。貸付期間についても通常のコーポレート・ファイナンスでは短期又は長くても5年程度の中期での貸付期間が通常であり、それ以上の長期の貸付期間を得ることは難しいが、プロジェクト・ファイナンスの場合に

は、プロジェクト期間に合わせて10年を超える長期にわたっての借入を実現できることも多い。そのほか、スポンサーの借入人に対する出資比率によっては、プロジェクトに関する資産が財務会計上オフバランスされる場合もある。なお、スポンサーの多くは、プロジェクトへの投資に当たって、投資とリターンとの関係性、特に内部収益率（Internal Rate of Return（IRR））を投資判断の基準とするが、プロジェクト・ファイナンスは投資効率の向上に資する（いわゆるレバレッジ効果）こととなる。

3 プロジェクト・ファイナンスが用いられるプロジェクト

　プロジェクト・ファイナンスは、その特徴から長期の経済耐用年数と償却期間を必要とする業種に向いている。プロジェクト・ファイナンスの歴史を遡ると、1970年代の北海油田開発向けプロダクション・ペイメント（生産物支払）が初期のものとしてよく知られている。その後、1980年代にはLNGや銅等の資源開発プロジェクト向けのファイナンス、1990年代には独立発電事業者（Independent Power Provider（IPP））向けのファイナンスや英国におけるPrivate Finance Initiative（PFI）におけるファイナンスなどにおいても活用された。2000年代に入ると、太陽光や風力などの再生可能エネルギー発電事業などにおいても活用が進んでいる。

　日本国内でも、1995年に電気事業法が改正されて発電事業が自由化されたことに伴う火力発電所などのIPP向けのファイナ

ンスや1999年に成立した民間資金等の活用による公共施設等の整備等の促進に関する法律（PFI法）に基づくPFI事業向けのファイナンスとしてプロジェクト・ファイナンスの活用が進められた。その後、2011年に成立した電気事業者による再生可能エネルギー電気の調達に関する特別措置法（現在の名称は再生可能エネルギー電気の利用の促進に関する特別措置法（再エネ特措法））に基づく再生可能エネルギー電気の固定買取制度（Feed In Tariff（FIT）制度）を活用した太陽光や風力などの再生可能エネルギー発電事業に広く利用されるようになった。近時のFIT制度の縮小やFeed In Premium（FIP）制度（再生可能エネルギー発電事業者による市場での売電を前提に、その売電価格に対して一定のプレミアム（補助額）を上乗せする制度）の導入等の制度的な変遷はあるものの、かかる再生可能エネルギー発電事業におけるプロジェクト・ファイナンスの利用は今後も継続・発展していくことが見込まれている。また、PFI法の改正により導入された公共施設等運営権（コンセッション）が設定された空港、道路、上下水道、スタジアムなどのインフラ向けのプロジェクト・ファイナンスも組成されている。さらに、2018年には海洋再生可能エネルギー発電設備の整備に係る海域の利用の促進に関する法律（再エネ海域利用法）が制定され、洋上風力発電所の開発が進んでおり、同開発向けのプロジェクト・ファイナンスも組成されている。近時は、長期脱炭素電源オークション制度を活用した大規模蓄電システム（系統蓄電所）開発向けのプロジェクト・ファイナンスの組成の例もみられる。

第 1 章

プロジェクト・ファイナンスの仕組みと組成の全体像

本章では、プロジェクト・ファイナンスの全体像を把握するために、まずプロジェクト・ファイナンスに関係する主な当事者及び典型的な融資関連契約の種類について把握した上で、その組成に至る手順や考え方について見ていくこととする。また、プロジェクト・ファイナンスを組成する上で理解しなければならないリスク・コントロールの考え方の概要についても併せて解説する。

1　プロジェクト・ファイナンスの関係当事者

　プロジェクト・ファイナンスの関係当事者は、プロジェクト・ファイナンスの対象となる事業によって様々ではあるものの、火力発電事業を例にとると、例えば下図（注）のような関係当事者が想定される。すなわち、貸付人となる①シニアレンダー、借入人となる②プロジェクト会社を中心として、プロジェクト会社の③スポンサー、発電所を建設する④EPC企業、発電所を運営する⑤O&M企業、発電した電力の卸売を受ける⑥オフテイカーなどが主要な関係当事者として関与する。

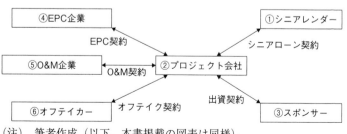

（注）　筆者作成（以下、本書掲載の図表は同様）。

① シニアレンダー

シニアレンダーとは、プロジェクト会社に対して貸付を行う者である。スポンサー等がプロジェクト会社に対して返済条件が劣後する貸付を行う例もあることから、区別するために優先する（Senior／シニア）貸付人としてシニアレンダーと呼ぶが、本書でも単に貸付人という場合はシニアレンダーのことを指している。具体的には都市銀行、地方銀行、信用金庫、保険会社などの金融機関がシニアレンダーとして関与するのが通常である（プロジェクト・ファイナンスは専門的な能力を必要とすることから、金融機関の中でもプロジェクト・ファイナンス部、ストラクチャード・ファイナンス部といった特別な部署が担当することが多い）。

また、プロジェクト・ファイナンスでは協調融資（シンジケートローン）の形態を取ることが多いため、融資条件の検討、シンジケート団の募集、契約手続等を行うためにアレンジャーが、シニアレンダーの代理人として完済までの期間の書類の授受、資金管理業務やシニアレンダー間の意思結集のための事務手続等を行うエージェントが関与するのが一般的である。

② プロジェクト会社

プロジェクト会社とは、プロジェクトを実施する法的な主体であり、かかるプロジェクトを行うためだけの特別目的会社（Special Purpose Company（SPC））が新たに設立されるのが通常である。プロジェクト会社がプロジェクトに関する契約の当事者となり、融資の借入人ともなる。本書においては、かか

る立場におけるプロジェクト会社を、「借入人」又は「借入人SPC」ということもある。

　日本におけるプロジェクト会社の法人形態としては、株式会社又は合同会社の形態をとるのが一般的である。なお、昨今では、いわゆるGK-TKスキームを利用したプロジェクトも少なくない。この場合には、プロジェクト会社はプロジェクトに係る実質的な判断を行わない主体として設計されるところ、匿名組合員（TK）も実質的な判断を行うことができないことから、プロジェクト会社に代わって各種判断等を担う主体である、アセットマネージャー（Asset Manager（AM））が関与する（法人形態（エンティティ）の選択については第4章4⑼ｂ・128頁を参照のこと）。

　プロジェクト会社の以上のような性質に鑑み、シニアレンダーとしてはコーポレート・ファイナンスとは異なり、借入人となるプロジェクト会社自体の事業実績や財務状況のみから信用力を評価して貸付をするわけではない。与信審査の中心はプロジェクトからのキャッシュ・フロー評価であるが、当事者の信用力という観点からは、次の③で述べるとおり、プロジェクト会社自身の信用力よりも、むしろスポンサーの信用力が重要となる。

③　スポンサー

　スポンサー（Sponsor）とは、プロジェクト会社を保有し、実質的にプロジェクトを運営する主体をいう。スポンサーは、単にプロジェクト会社に対して金銭の出資をするだけでなく、自ら又はその子会社若しくは関連会社を通じて、O&M企業を

兼ねるなど事業期間にわたって運営にも関与することが一般的である。スポンサーの役割を担う者の属性は幅広く存在するが、建設会社やプラントメーカー、施設運営会社などの事業会社がスポンサーとして関与する場合のほか、商社、リース会社、ファンドなどの金融投資家がスポンサーに含まれる例も多い。シニアレンダーにとっては、スポンサーの信用力（財務状況のみならず、同種事業に関する過去の経験や実績等）が融資条件を判断する上で重要な要素となる。

④ EPC企業

EPCとは、Engineering（設計）、Procurement（調達）及びConstruction（建設）の頭文字を省略した用語であり、当該EPCを行う者をEPC企業という。具体的には、建設会社、プラントメーカーなどがEPC企業となる例が多い。発電所の建設プロジェクトなどにおいて、EPC企業は、単に発電所の建設だけではなく、設計や機器の調達も含めた業務を一括して行い、プロジェクトを完工させることが求められることもある。

⑤ O&M企業

O&Mとは、Operation（運営）及びMaintenance（維持管理）の頭文字を省略した用語であり、当該O&Mを行う者をO&M企業という。O&M企業の役割を担う者の属性は幅広く存在するが、スポンサーが、自ら又はその子会社若しくは関連会社を通じて、O&M企業の任に就くことも多い。O&M企業は、運営と維持管理を一括して受託することにより、運営期間中に発生する事業遂行に関する責任を負うことになる。

⑥ オフテイカー

　オフテイカー（Off taker）とは、プロジェクト会社との契約に基づいて一定の物やサービスの供給を受ける者をいう。発電事業であれば電力を受給する電力会社や需要家が、PFI事業であればサービス対価を支払う行政主体などがこれに該当する。プロジェクト・ファイナンスの対象となる事業の中には、市場（マーケット）の需要によって収益が変動する事業と市場に左右されない事業が存在するが、マーケットから直接収益を得るわけではないプロジェクトにおいてはオフテイカーからの収益（キャッシュ・フロー）が唯一の融資の返済原資となる。

　以上の①から⑥の関係当事者のほかにも、事業を実施する上でプロジェクト会社に対して許認可等を付与する行政主体、事業を実施する土地を提供する地権者、事業に関する種々の保険を提供する保険会社、火力発電事業においては燃料となる石炭やガスを供給する者などが関与する。また、日本での空港などの交通インフラの公共施設等運営権（コンセッション）案件では、PFI案件であってもオフテイカーとなる行政主体はおらず、例えば空港などの公共施設等の所有者が公共施設等運営権の設定者として関与することになる（プロジェクト会社は公共施設等の利用者等からの収入等を得ることになる）。

　プロジェクト・ファイナンスではこれらの関係当事者それぞれとの権利関係やリスク分担を整理して、ファイナンスの条件を作り込んでいくことが必要となるが、それには極めて専門性の高い能力が必要となることから、ファイナンシャルアドバイザー、弁護士、税理士・公認会計士、技術、環境、保険、需要

予測等のコンサルタントなどの各種の専門家が関与することになる。

2 融資関連契約の種類

プロジェクト・ファイナンスを組成するに当たって、シニアレンダーが当事者として締結するシニアローンに関連する契約のことを実務上一般的に融資関連契約又はファイナンス関連契約などと呼ぶことが多い。金融機関や案件によって異なるものの、融資関連契約には、①シニアローン契約、②担保関連契約、③債権者間契約、④スポンサーサポート契約、⑤直接協定、⑥金利ヘッジ契約などがある。

① シニアローン契約

シニアローン契約とは、民法上は金銭の消費貸借契約（民法587条及び587条の2）であり、プロジェクト・ファイナンスを組成する上で最も重要な契約である。単に融資契約と呼ばれることや、優先貸付契約などと呼ばれることもある。直接の金銭の消費貸借の当事者である貸付人としてのシニアレンダーと借入人としてのプロジェクト会社だけでなく、エージェントもシニアローン契約の当事者となることが一般的である。シニアローン契約の内容としては、シニアローンの貸付金額、利息、返済期限、返済方法などの金銭の消費貸借の要素たる基本的な事項のほか、貸付実行前提条件、表明保証事項、誓約事項、資金管理規定などプロジェクト・ファイナンスを組成する上で必要なリスク・コントロールのためのプロジェクト・ファイナン

ス特有の様々な事項が規定される。

② 担保関連契約

担保関連契約とは、シニアローン契約に基づく貸付債権その他のプロジェクト会社に対する債権を担保するために締結される担保権設定契約及びその他のこれに関連する契約をいい、民法上の担保物権（民法第２編第７章ないし第10章）を設定する契約に限らず、債権の保全のために設定される契約（例えば、集合動産譲渡担保権設定契約や契約上の地位移転予約契約等）を広く含む。プロジェクト・ファイナンスにおける担保対象は大きくプロジェクト会社が保有する資産とスポンサーが保有するプロジェクト会社の株式、社員持分、匿名組合出資持分、劣後ローン債権等に区別されるが、前者についてはシニアレンダーなどの担保権者と資産の保有者兼債務者であるプロジェクト会社が契約当事者となり、後者についてはスポンサーも第三者担保提供を行う者として契約当事者となる。担保関連契約の内容としては、担保の対象、担保権の設定方法及び実行方法、担保物に関する表明保証事項や誓約事項などが規定される。

③ 債権者間契約

債権者間契約とは、シンジケート団が組成され複数のシニアレンダーが関与する場合、優先順位又はトランシェの異なる貸付がなされる場合、金利ヘッジ契約が締結される場合など、プロジェクト会社に対して資金提供を行う複数の債権者がいる場合に当該債権者間で締結される契約をいう。担保権者のみが契約当事者となる場合は担保権者間協定と呼ばれることもあり、債権者間の優劣関係を主な内容とする場合には優先劣後債権者

間契約などと呼ばれることもある。債権者間契約においては、複数の債権者間の意思決定方法や債権者相互の優劣関係などが規定される。

④　スポンサーサポート契約

　スポンサーサポート契約とは、スポンサーが自らやプロジェクトに関する一定の事項をシニアレンダーに対して表明及び保証し、また約束する契約をいい、株主サポート契約、スポンサー確認書、関係者間契約等、実務的には様々な呼称のものが見受けられる。ノンリコースの融資である場合はその特徴からそもそもこのような趣旨の書面自体締結されない例もある。スポンサーサポート契約の内容は、スポンサーがプロジェクトについて一定の支援を提供することを内容に含むか、また、それがどの程度の支援内容となるかという点を含み、プロジェクトに応じて様々ではあるが、スポンサーはプロジェクト・ファイナンスについてプロジェクト会社の保証人となるわけではなく、プロジェクト当初に予定していた出資金額を超えて追加で出資をする義務を負うことは限定的であることが多い。

⑤　直接協定

　直接協定とは、プロジェクト会社以外のプロジェクトの関係当事者とシニアレンダーとの間で締結される契約をいう。プロジェクト・ファイナンスの組成のために特別にプロジェクト関係者とシニアレンダーが直接的に協定を締結することから直接協定と呼ばれる。具体的には、PFI案件において発注者たる公共主体との間で協定を締結することや、発電プロジェクトにおいて、オフテイカーやEPC企業などと協定を締結することがあ

る。直接協定の内容は案件によって様々ではあるが、例えば、プロジェクト関連契約の解除事由が発生した場合においてレンダーの一定の関与を可能とするための規定（重要なプロジェクト関連契約がレンダーの関知することなく解除されてしまうことを防ぐための規定）などが置かれる。なお、本来直接協定にて規定したい内容を、プロジェクト関係者から徴求する担保権設定に係る承諾書に規定することによって、直接協定の締結に代替するという取扱いもしばしば見受けられるところである。

⑥ 金利ヘッジ契約

金利ヘッジ契約とは、シニアローン契約に基づく貸付の金利が変動金利である場合に、プロジェクトを遂行する上でコストの変動要因となる金利が変動するリスクをコントロールするために締結される契約であり、具体的には、金利スワップ契約や金利オプション契約などの種類がある。金利スワップ契約を例に取ると、固定金利を提供するスワッププロバイダーとプロジェクト会社が契約当事者となり、契約内容としては変動金利と固定金利を交換する条件が規定される。

3 プロジェクト・ファイナンス組成手順

プロジェクト・ファイナンスによりシニアレンダーが貸付を実行するまでの一般的な手順は次のような流れとなる。

① スポンサーによる事業検討開始

⇩

② スポンサーによる事業性、技術、環境、法律等のデュー

ディリジェンスの実施、リスク分析、経済性の分析、キャッシュフロー・モデル（事業計画）の作成

⇓

③ スポンサーによるプロジェクト・ファイナンスを組成するアレンジャーの選定

⇓

④ アレンジャーによるデューディリジェンスの実施、リスク分析、経済性の分析、融資条件の検討

⇓

⑤ スポンサーとアレンジャーとの間のタームシートによる融資条件交渉

⇓

⑥ 融資関連契約のドキュメンテーション

⇓

⑦ アレンジャーによるシニアレンダー候補の勧誘、シンジケート団の組成

⇓

⑧ 融資関連契約の締結（ドライファイナンスクローズ）

⇓

⑨ 貸付の実行（ウェットファイナンスクローズ）

※上記③から⑧までのプロジェクト・ファイナンス組成に関する交渉と併行して、関係当事者とのプロジェクト関連契約の条件交渉、ドキュメンテーションも行われる。

事業の検討開始からファイナンスクローズまでの一連のプロセスには短いものでも半年〜1年程度、長いものでは4〜5年

かかることも珍しくない。②の段階でスポンサーが検討した内容について、④の段階でアレンジャーの要望により大幅に変更を余儀なくされる場合もある。そのような事態を避けるためには、金融機関などがファイナンシャルアドバイザーとしてスポンサーの事業検討の初期段階から関与し、プロジェクト・ファイナンスの組成を意識してキャッシュフロー・モデル（事業計画）を作成することで、アレンジャーの検討段階での条件交渉の負担が軽減され、結果として円滑にプロジェクト・ファイナンスの組成が進むことも多い。また、プロジェクト・ファイナンスの組成に当たってはプロジェクト会社が締結する各種のプロジェクト関連契約についてもシニアレンダーにおける検討が必要となるため、スポンサー及びプロジェクト会社としては、あらかじめシニアレンダーが応諾可能な条件を見据えた交渉が必要となる（プロジェクト関連契約との関係については、第3章・60頁以下を参照のこと）。

　PFI案件においては入札が実施されることが通常であるため、入札のスケジュールとの関係も考慮してスケジュールを検討する必要がある。入札時の提出資料には、レンダーからの関心表明などが求められ、資金調達の確実性が審査項目となることもあるため、落札後にレンダーとの交渉がまとまらないという事態が生じないようにするためにも十分にスケジュールを考慮する必要がある。

　一参加行として、プロジェクト・ファイナンスのシンジケート団へ参加する場合には、⑦の段階でシニアレンダー候補として、まずはアレンジャーに対して秘密保持に関する誓約書を提

出し、インフォメーション・メモランダム（Information Memorandum（IM））を含む案件情報の提供を受け、シンジケート団への参加の可否を検討することが一般的である。案件の紹介を受けてから融資の確約（コミットメントレターの提出）を求められるまでの期間は１〜２か月などわずかな期間しかないこともある。そのため、当該期間中にアレンジャーから開示を受けた資料や契約書についてアレンジャーとの間での質疑応答を通じて検討した上で、内部の稟議決裁などの手続を経る必要がある。

4 プロジェクト・キャッシュフローとデット・サイジング

(1) キャッシュフロー・モデル（事業計画）とは

　プロジェクト・ファイナンスにおいては、将来にわたり「動かない」ものと評価できる一定の前提事実（インプット値、諸元、パラメータ）を基に、将来のキャッシュ・フローの予測を立てることが与信評価の中心的作業となる。新たな施設の開発を要する、いわゆるグリーン・フィールド案件においては、そもそもプロジェクト会社には依拠できる過去の業績や決算といったトラック・レコードは存在しないし、一定のトラック・レコードのある空港コンセッションや発電事業の買収案件などのいわゆるブラウンフィールド案件においても、通常の財務分析によっては、プロジェクト・ファイナンスにおいて期待され

るような長期の与信評価は困難である。また、プロジェクト会社が保有する資産について、不動産鑑定評価書のように、プロジェクトに係る資産を売却すればこれだけの価格になるということを示す資料が存在するわけではない。そのため、このようなキャッシュ・フロー予測こそが、プロジェクト・ファイナンスにおける最大かつ（ほぼ）唯一のよりどころとなる。かかるキャッシュ・フロー予測は、表計算ソフトを使用し、前提事実を入力すると必要な数値が算出されるスプレッドシートを作成することによりなされており、このスプレッドシートをキャッシュフロー・モデルと呼んでいる。かかるキャッシュフロー・モデルは、融資関連契約上は「事業計画」と呼称されることが多い。

(2) プロジェクト・ファイナンスにおけるデット・サイジング

a 予測キャッシュ・フローに基づくデット・サイジング

キャッシュ・フロー予測は、プロジェクト・ファイナンスにおける融資可能額の算出（デット・サイジング）における重要な要素となる。

極めて単純化すると、例えば、太陽光発電プロジェクトでいえば、発電設備の仕様（どれだけの日照量が得られればどれだけの発電量（kWh）が得られるか）、計算対象期間ごとの日照量及び売電価格を確定することができれば、各計算対象期間における予測収入額を算出することができる。また、公租公課、地権者に対して支払う地代、運転・維持管理費用、保険料など必要な費用の金額を確定することができれば、各計算対象期間にお

ける予測支出額を算出することができる。そして、これらの予測の下では、予測収入額から予測支出額を差し引いた金額は、プロジェクト会社の手元に残ることになる。もちろん、前提事実に掲げた事由は実際には変動し得る。上記の例でいえば、例え日照量について一定の前提を置くことができたとしても、想定外に天候の悪い日が続くということはあるだろうし、機器の故障により維持管理に追加費用が発生するということも考えられる。したがって、ほとんどのプロジェクトにおいて、一定のバッファを見ることは不可欠である。シニアレンダーとしては、計算対象期間ごとに、「(予測収入額－予測支出額)×(「1＋バッファ」の逆数)」が常に自らに対する元利金等の支払額以上となることが予測できる範囲でプロジェクトに対する融資を行うことができることとなる。このため、プロジェクト・ファイナンスにおける融資可能額の算出（デット・サイジング）には、キャッシュフロー・モデル上の各種予測値に基づき、以下の算式により算出される「DSCR」（予測DSCR、計画DSCR）という指標（DSCRはDebt Service Coverage Ratioの略）が用いられる。そこでは、いずれの計算対象期間においてもかかるDSCR値が合意された最低水準以上となる条件下におけるDebt Serviceの最大値に基づき算出された元本の総額が融資可能な最大額を画する。DSCR値のうち1.00を超過する部分が、上記にいうバッファの働きをすることとなる。

$$\text{DSCR} = \frac{\text{計算対象期間中の元利金支払前キャッシュ・フロー}}{\text{計算対象期間中のDebt Service(通常は元利金支払額)}}$$

・DSCRはシニアローン契約の誓約事項のうちの財務制限条項の一つとしても機能し、プロジェクト期間中最低限満たすべきDSCRの基準値（DSCR基準値）が設定されるのが通常である（誓約事項については、第5章1(4)・147頁以下を参照）。
・元利金支払前キャッシュ・フローは、その英語標記（Cash Flow Available for Debt Service）における頭文字をとって、CFADSと呼ばれている。

b　デット・エクイティ比率に基づくデット・サイジング

以上に加え、貸付人とスポンサーとの間で、あらかじめ、スポンサーによる出資額及び貸付人による融資額それぞれのプロジェクトにおける総資金調達額に占める割合についての合意がなされることもある。これは、大要以下の算式によるデット・エクイティ比率（D／E比率）として表される。

$$\text{デット・エクイティ比率} = \frac{\text{ローン残高}}{\text{ローン残高＋エクイティ出資額}}$$

このように、プロジェクト・ファイナンスにおけるデット・

サイジングは、上記のDSCRに基づき画される融資可能額と、デット・エクイティ比率により画される上限額とのいずれか小さい方をもってなされることとなる。

コラム①

プロジェクト・ファイナンスにおける
キャッシュ・フローの源泉

本文記載のところから、少なくとも以下のことがいえる。
- 予測収入額及び予測支出額を画する要因及びその変動幅を限定できれば限定できるほどプロジェクト・ファイナンスを利用しやすい。
- 予測収入額及び予測支出額を画する要因及びその変動幅を限定できれば限定できるほどバッファは少なくて済む(DSCR基準値は低くて済む)。

なお、プロジェクトのキャッシュ・フローが安定するということは、シニアレンダーにとって取るリスクが小さいことを意味するが、バッファが少なくて済む(DSCR基準値は低くて済む)ということは、スポンサーにとっても大きな意味を有する。上記デット・サイジングの考え方の下では、DSCR基準値が小さければ小さいほどCFADSの金額とDebt Serviceの金額とは近づくことになり、融資可能額は大きくなり得る。そのため、(デット・エクイティ比率の縛りを度外視すれば)プロジェクト・コストに占める融資可能額の割合が大きくなり、スポンサーのエクイティ拠出額は少なくて済む。その結果、スポンサーのエクイティIRRは改善することになり(「レバレッジ効果」といわれる)、スポンサーにとってプロジェクトに取り組むことの経済的なメリットが大きいことになるためである。

予測収入額及び予測支出額を画する要因及びその変動幅の限

定という点について、例えば、事業者が整備した公共施設（市民会館、給食センターなど）について、維持管理・運営期間を通じ、公共側が施設整備費をサービス対価として分割して支払っていくというサービス購入型（いわゆる「箱モノ」）PFIプロジェクトにおいては、通常、事業契約上、公共側によるサービス対価の支払時期及び支払額は具体的に記載されるし、万一事業契約が中途にて終了した場合にも、施設整備費部分は必ず支払われる仕組みとなっている。このようなプロジェクトにおいては、施設整備費部分のみを元利金支払の原資として算入するようキャッシュフロー・モデルが策定され、当該施設整備費の支払額が他の要因により減少しないことが確保できている限り、非常に高い確度をもって予測収入額を見込むことができる。リスクや費用の構成企業等へのパススルー（後記第4章3(1)b・82頁参照）が適切に行われる限り、キャッシュ・フローの安定性は高く、バッファ（DSCR基準値）は1.00にかなり近いところに設定されることが少なくない。

　これに対し、同じPFIプロジェクトでも、例えば、PFIプロジェクト内において自主事業の運営が認められており、自主事業として建設する施設に係る建設コストについてプロジェクト・ファイナンスの提供が求められる場合があり得る。この場合、当該自主事業に係る収入予測はサービス対価収入とは別異に行われなければならない。そこでは、利用料金、利用者数等の予測を立てて前提事実を置く必要があり、施設整備費見合いのサービス対価の支払と比較すればその確実性はかなり心許ない。したがって、そもそもかかる自主事業部分についてはプロジェクト・ファイナンスを提供すること自体ができない場合も少なくないであろうし、可能であったとしても、相対的に高いバッファ（DSCR基準値）が求められることになると思われる。

　このように、プロジェクト・ファイナンスの組成においては、返済原資として見込みキャッシュ・フローがどのようにして生じ、どのような性質を持つものなのかを理解し、キャッシュフロー・モデルを策定し、これに基づきデット・サイジン

> グを行うことが出発点となる。

5 プロジェクト・ファイナンス組成に必要なプロジェクトリスクのコントロール

　プロジェクト・ファイナンスにおいては、予測収入額及び予測支出額を画する要因及びその変動幅を限定できればできるほど、レンダーにおいて取るべきリスクは小さくなるし、スポンサーにとっても良い借入条件が得られるといえる。このため、案件組成段階では、予測収入額及び予測支出額に影響（特にマイナスの影響）を生じるおそれのある要因、すなわち、リスクを洗い出すことが肝要となる。そこで、プロジェクト・ファイナンス組成の前段階として、スポンサー側、シニアレンダー側のそれぞれにおいて、法務、会計税務、技術、環境、保険、需要予測等の専門的な事項について各種の専門家によるデューディリジェンスが実施され、プロジェクトを遂行する上で生じる可能性のある様々なリスクの洗い出しが行われる。

　リスクの例としては、下表に列挙したものなどが挙げられる。もっとも、想定されるリスクは案件ごとに異なるため、個別案件に応じ、想像力を働かせてリスクを洗い出す能力が試される。発電プラントの開発を伴う事業では発電プラントに用いられる技術に関するリスクや建設期間中の完工リスクの管理が特に重要な問題となる。それに対して、既存交通インフラのコンセッション事業では、完工後の既存の施設を運営するもので

あるため完工リスクは問題とならない一方、運営・保守のリスクやマーケットでのサービスの引取リスクの管理が特に重要となる。

[問題となるリスクとその対応策の例]

	リスクの例	対応策の例
コマーシャル・リスク	(建設期間中)	
	土地確保リスク（プロジェクト期間中における土地利用権原の喪失）	・土地所有権の取得／長期契約の締結（→第4章3(4)・98頁）
	土地性状リスク（土壌汚染、地下埋設物の発見、軟弱地盤等）	・土地売主又は地権者へのパススルー（→第4章3(1)・80頁） ・土地DDによる蓋然性評価（→第4章1・74頁） ・予備費による対応（→第4章4(3)・119頁） ・スポンサー・サポート（→第4章4(7)・124頁）
	完工リスク（完工遅延、性能未達）	・EPC企業へのパススルー（→第4章3(1)・80頁） ・遅延LD・性能保証LDの設定（→第4章3(5)・103頁） ・予備費による対応（→第4章4(3)・119頁） ・スポンサー・サポート（→第4章4(7)・124頁） ・保険の付保（→第4章4(2)・118頁）
	技術リスク（技術の不確実性）（※1）	・技術DDによる評価（→第4章1・74頁）

	建設費用の増加・変動	・契約価格の固定化（→第4章3(2)・86頁） ・予備費による対応（→第4章4(3)・119頁）
	（運営開始後）	
	供給不調・価格変動リスク	・長期契約の締結（→第4章3(4)・98頁） ・価格の固定化（→第4章3(2)b・90頁）
	運営・保守リスク（適切な運営・保守がなされないリスク）	・O&M企業／AM業者へのパススルー（→第4章3(1)・80頁） ・長期契約の締結（→第4章3(4)・98頁） ・保険の付保（→第4章4(2)・118頁）
	運営・保守費用の増加・変動	・O&M企業／AM業者へのパススルー（→第4章3(1)・80頁） ・O&M報酬／AM報酬の固定化（・劣後化）（→第4章3(2)c・92頁） ・予備費／リザーブによる対応（→第4章4(3)(4)・119、120頁） ・キャッシュ・トラップ／キャッシュ・スウィープ（→第4章4(5)・121頁） ・スポンサー・サポート（→第4章4(7)・124頁）
	原材料供給リスク	・長期契約の締結（→第4章3(4)・98頁） ・価格の固定化（・劣後化）（→第4章3(2)c・92頁） ・予備費／リザーブによる対応（第4章4(3)(4)・119、120頁） ・キャッシュ・トラップ／キャッシュ・スウィープ（→第4章4

		・(5)・121頁) ・スポンサー・サポート（→第4章 4(7)・124頁）
	（共通）	
	当事者破綻リスク	・信用評価（→第4章1・74頁） ・倒産隔離措置（→第4章4(9)b・128頁）
	環境・社会リスク（※2）	・環境アセスメント／環境DDによる確認（→第4章1・74頁） ・CPとして要求（→第4章4(6)・124頁）
	許認可リスク	・法務DDによる確認（→第4章1・74頁） ・CPとして要求（→第4章4(6)・124頁） ・契約相手方へのパススルー（→第4章3(1)・80頁）
マクロ経済リスク	金利変動リスク	・金利ヘッジ（→第4章1・74頁）
	為替変動リスク	・為替ヘッジ（→第4章1・74頁）
	物価変動リスク	・契約相手方とのリスク分担（→第4章3(1)・80頁） ・予備費／リザーブによる対応（→第4章4(3)(4)・119、120頁） ・キャッシュ・トラップ／キャッシュ・スウィープ（→第4章4(5)・121頁）
ポリティカル・リスク	法令・税制変更リスク	・契約相手方とのリスク分担（→第4章3(1)・80頁） ・予備費／リザーブによる対応（→第4章4(3)(4)・119、120頁）
不可抗力リスク	地震、津波、台風、落雷などの	・保険の付保（→第4章4(2)・118頁） ・契約相手方とのリスク分担（→第

| | 自然災害、疫病、戦争等 | 4章3(1)・80頁)
・予備費／リザーブによる対応（→第4章4(3)(4)・119、120頁） |

(※1) プロジェクト・ファイナンスにおいては、プロジェクトにおいて用いられる技術は確立した技術（proven technology）でなければならないとの原則がある。そのため、スポンサーとしては、プロジェクトで用いられる技術は既に他のプロジェクトで成功している、当該プロジェクトにおいても成功させる能力があることをシニアレンダーに対して示す必要がある。

(※2) 環境・社会リスクとしては、大気汚染、水質汚濁、生物多様性の阻害などが考えられるが、これらのリスク管理としては環境影響評価法に基づく環境アセスメントを実施するだけでなく、主にプロジェクト・ファイナンスを対象としてスポンサーが環境・社会に対して適切な配慮を行っているかどうかを確認するための金融業界の自主的な枠組みであるエクエーター原則（Equator Principles）を採用している金融機関もある。

　洗い出されたリスクについては、まず誰がどのように負担するかを取り決め、その上で、借入人SPCに残ってしまうリスクについては、できる限り解消又は緩和する方法を講じることで、シニアレンダーにとって融資可能（Bankable）な案件に仕立てるテイラーメイドのスキーム作りが必要であり、そのような仕組みの構築（ストラクチャリング）がプロジェクト・ファイナンスの一つの特徴といえる。

　Bankableな案件とはシニアレンダーがプロジェクトのリスクを全く負わないことを意味するものではない（プロジェクト・ファイナンスにおいてはシニアレンダーもプロジェクトのリスクを分担する関係当事者の一人である）が、スポンサーにおけるプロジェクトIRRと比較すれば極めて低い料率の利息のみを収受し、プロジェクトに対して間接的なコントロールしか有しないシニアレンダーとして許容できるリスクの種類、範囲は限定

的であるため、発生し得るリスクは、第一義的には、可能な限り、プロジェクトに関与する借入人SPC以外の当事者に転嫁されるほか、プロジェクトの仕組みの中で解消又は緩和されることが望ましい。これは、例えば、シニアレンダーによるプロジェクト関連契約のレビューや保険の付保等を通じて行われる。シニアレンダーとしては、単にシニアローンの貸付金額、利息、返済スケジュールなどの融資条件を検討するだけでなく、その前提となるプロジェクトリスクの見極め、リスク対策の代替策の検討、プロジェクト関係当事者間の調整、リスク分担内容の契約書への反映などを通じ、過大なリスクを取らずにどのようにしてBankableな案件に仕立て上げるかを総合的に検討していく必要があり、この点こそがアレンジャーの腕の見せ所といえよう。リスク解消・緩和策の具体的な例については、第4章・74頁以下を参照されたい。上表においては、相互参照の便のため、各リスクについての対応策の例も記載した。

第 2 章

融資関連契約の実務

本章以下では、プロジェクト・ファイナンス組成に当たっての全体像を踏まえて、どのように契約交渉が進んでいくかについて解説する。

1　ファイナンスタームシート

　融資関連契約交渉の初期段階においては、通常ファイナンスタームシートに基づく条件交渉が進められる。ファイナンスタームシートとは、プロジェクト会社及び予定するプロジェクトのデューディリジェンスの結果を踏まえて措定した融資の主要な条件を記載した書面のことをいい、最終的な融資関連契約の交渉に当たっての基準となるものである。タームシートには、経済条件などの基本的な条件（資金使途、貸付金額、期間、返済方法、金利等）のみを示したショートタームシートによって先行して交渉を行うこともあるが、最終的には契約書において、シニアレンダーにとって融資可能（Bankable）な案件であることを確認し、契約を取り交わすことが必要になるところ、プロジェクト・ファイナンスにおいて締結する契約は、種類も多く、ページ数も膨大に上ることから、より詳細な契約条件を盛り込んだロングタームシートとも呼ばれるもので、契約書の作成前の交渉を行うことが通常である。プロジェクト・ファイナンスにおけるロングタームシートは、契約書の文言に近い詳細まで交渉の上合意されることも多く、内容が50ページを超えることも珍しくない。

[タームシートの項目サンプル]

プロジェクトの概要

 プロジェクト関係当事者

  アレンジャー：●銀行

  エージェント：●銀行

  貸付人：●銀行、●銀行、●銀行

  借入人：●株式会社

 プロジェクト・コスト

  ●●：●円

 融資関連契約一覧：

  優先貸付契約

  担保関連契約

  債権者間契約

  スポンサーサポート契約

 プロジェクト関連契約一覧：

  EPC契約

  O&M契約

  オフテイク契約

シニアローンの概要

 貸付形態：コミットメント期間付タームローン

 貸付限度額・引出可能期間：

  建中ローン：●百万円、●年●月●日～●年●月●日

  消費税ローン：●百万円、●年●月●日～●年●月●日

資金使途：
　　建中ローン：●●建設費用
　　消費税ローン：消費税納税費用
返済期限：
　　建中ローン：●●年●月●日
　　消費税ローン：●年●月●日
適用利率・利息計算期間：基準金利＋●bps、毎年●月、●月末日
元本返済方法：元金不均等
期限前返済：
　　強制期限前弁済事由
　　任意期限前弁済
貸付実行の前提条件：
表明及び保証：
誓約事項：(省略)
期限の利益喪失事由：
資金管理規定：
その他の一般条項
手数料：アレンジメントフィー、エージェントフィー、アップフロントフィー
セキュリティ・パッケージ：全資産担保
スポンサーサポート：

2 シニアローン契約

融資関連契約のうち中心となるのは、シニアローン契約である。本項ではその構成について概観する。各項目の具体例及び交渉ポイントについては、第5章1・134頁以下も併せて参照されたい。

(1) シニアローン契約の分類

プロジェクト・ファイナンスにおけるシニアローン契約の種類は大きく、①貸付形態、②貸付時期、③資金使途によって分類することができ、それぞれの種類に応じて融資判断の考え方も変わってくる。

① 貸付形態

貸付形態としては、大きくタームローンとコミットメントラインに分けることができる。

タームローンとは貸付期間が中長期となる証書貸付のことをいい、特定の時点で一括して貸付が実行される場合もあれば、タームローン契約締結時から一定の約束した期間内（コミットメント期間内）に一定の上限額の範囲内で複数回の貸付が実行される場合（このような貸付形態は、限度貸付又はコミット型タームローンと呼称される）もある。例えば、プロジェクトの対象となる施設の完工後に一括して貸付が行われる場合もあれば、建設期間中にEPCコントラクターへの報酬の分割支払のタイミングに合わせて複数回貸付が実行される場合もある。貸付が複

数回実行される場合の実行の方法（各回の貸付実行に係る貸付実行前提条件を含む）やプロジェクト会社からの申出に応じて貸付を実行する方法などが取り決められる。

コミットメントラインとは、プロジェクト会社のために一定期間にわたって融資の極度額を設定し、当該期間及び極度額の範囲でプロジェクト会社の申出に応じて貸付を行う融資形態をいう。極度貸付やリボルビングクレジットファシリティなどとも呼ばれる。プロジェクト・ファイナンス案件においてコミットメントラインが設定される例は多くはないが、設定する場合には、コミットメントフィーについて利息制限法や出資の受入れ、預り金及び金利等の取締りに関する法律の適用を受けないようにするために、プロジェクト会社が特定融資枠契約に関する法律2条1項各号に規定する者のいずれかに該当することを確認する必要がある。

② 貸付時期

貸付時期としては施設及び設備の建設期間中に貸付を実行するか、施設及び設備の完工後に貸付を実行するかによって大きく分類することができる。例えば、建設期間中に貸付を実行する場合にはシニアレンダーも施設及び設備の完工リスクを負うことになるため、シニアレンダーとしては完工リスクのコントロールが重要となる。一方、完工後に実行する場合にはシニアレンダーとしては建設期間中のリスクを負担しないことになり、相対的にプロジェクトのリスクは低下するため、利息などの経済条件も低下する傾向にある。

③ 資金使途

　資金使途としては、プロジェクトの実施にかかるコストの支払のための資金と、一時的なつなぎ資金などに分類することができる。プロジェクトの実施にかかるコスト（プロジェクト・コスト）はプロジェクトの種類によって様々であるが、発電所の建設プロジェクトであれば施設及び設備の建設のための費用が、コンセッション案件であればコンセッションフィーの一時金支払などがシニアローンの貸付実行代わり金を用いて支払われる典型的なプロジェクト・コストとなる。一時的なつなぎ資金としては、プロジェクト会社が支払予定の消費税について還付が見込まれる案件においては消費税が還付されるまでの期間のつなぎ融資として消費税ローンの貸付を行う例が多い。そのほか、プロジェクトにおけるコストの変動が大きい案件においては、資本的支出や一時的な運転資金の不足に備えた融資や準備金の積立てが行われることもある。

(2) シニアローン契約の主な条項

　シニアローン契約には、貸付金額又は貸付上限金額、利息、手数料などの経済条件、貸付方法、返済期限、返済方法など金銭消費貸借契約の要素として必要となる事項、ボイラープレートとも呼ばれる契約の一般条項に加えて、貸付実行の前提条件、表明及び保証、誓約事項、資金管理規定などが定められる。通常の金銭消費貸借契約における条項と比較すると、プロジェクト・ファイナンスのシニアローン契約にはプロジェクトの内容を踏まえて網羅的かつ詳細な条項が規定されるのが通常

である。

① 貸付実行の前提条件

　最も一般的な限度貸付の場合を念頭に置くと、シニアローンの貸付実行は、シニアローン契約において規定される貸付実行の前提条件を充足したことを前提に、貸付可能期間内において貸付限度額の範囲内で行われる。貸付実行の前提条件（Conditions Precedentの英単語の頭文字をとってCPとも呼ばれる）とは、シニアレンダーの貸付義務が発生する条件をいう。プロジェクト・ファイナンスにおいてはシニアローン契約の調印後、貸付実行までの間に一定の期間があることが一般的である。そのため、当該期間内に一定の条件が成就した場合に初めてシニアレンダーが貸付義務を負うよう定めるものである。

　前提条件の主な内容は、第5章1⑵・135頁参照。

　貸付実行が複数回実施される場合には、想定されるプロジェクトの進捗に合わせて前提条件が設定されることになる。例えば、一定の施設を建設するプロジェクトにおいて当該施設の建設の進捗及びEPCコントラクターへの支払に合わせて複数回貸付を実施する場合には、技術アドバイザーがプロジェクトの進捗やプロジェクト・コストへの貸付金額の充当の妥当性を確認することを前提条件として加えることなどが考えられる。

② 表明及び保証

　プロジェクト・ファイナンスにおいてシニアレンダーは、融資判断の基礎となる一定の事実についてプロジェクト会社に真実かつ正確であることを表明し、保証すること（表明保証：Representations and Warranties）を求めるのが一般的である。

これは、シニアレンダーが当該プロジェクトに取り組むに当たって必要と考える事実（例えば、プロジェクトに悪影響を及ぼす訴訟が係属していないこと等）についてシニアレンダー自らにおいてその真否の確認を行うことには限界があることから、かかる事実が真実かつ正確であることについてプロジェクト会社に保証させ、かかる事実が真実又は正確でなかった場合のリスクをプロジェクト会社に負わせるものである。その結果、表明保証の内容が真実又は正確ではないことが明らかとなった場合には、未実行の貸付についてシニアレンダーは貸付実行義務を負わないこととなる。また、既実行の貸付について期限の利益喪失事由に該当することとなり、シニアレンダーは借入人に対して借付金の総額を即時に返済するように要求することができることとなる。

　主な表明保証については、第5章1⑶・141頁参照。

③　誓約事項

　シニアレンダーとしては融資判断の基礎となるキャッシュフロー・モデル（事業計画）に従ったプロジェクトの運営がなされることが貸付金の返済を確保するために極めて重要であることから、プロジェクト会社に対して一定の作為及び不作為の誓約（誓約事項：Covenants）を求めることとなる。プロジェクト会社が誓約事項に違反した場合の効果としては、誓約事項によって違いはあるものの、表明保証に違反した場合と同様に、前提条件を充足しないため未実行の貸付は実行がされなくなることや、既に実行済みの貸付については期限の利益喪失事由に該当することにもなる。

誓約事項の主な内容については、第5章1(4)・147頁参照。
④　期限の利益の喪失

　期限の利益喪失事由は融資契約一般において当然に規定されるものであるが、プロジェクト・ファイナンスにおいてもシニアレンダーの債権保全のために一定の信用不安事由を期限の利益喪失事由として規定することで、当該事由が生じた場合には、約定した返済期限を待たずしてプロジェクト会社に貸し付けた金銭の返済を求めることができることになる。もっとも、プロジェクト・ファイナンスは、プロジェクト会社自体の信用力や保有する資産の価値ではなく、プロジェクトのキャッシュ・フローに依拠したファイナンスであるため、プロジェクトの運営がうまく行かず期限の利益喪失事由が生じた場合において、プロジェクト会社に直ちに返済を求めたとしてもプロジェクト会社は全ての貸付額を回収できるだけの資産を保有していないのが通常である。そのため、シニアレンダーとしてはプロジェクトがキャッシュ・フローを生み出す状態に戻す方法を検討する必要がある。このような観点からプロジェクト・ファイナンスにおける期限の利益喪失事由の主な目的は、プロジェクトの再建のための担保実行によるプロジェクト運営への介入（Step Inとも呼ばれる）にある。したがって、期限の利益喪失事由もあまり遅い段階に設定するのではなく、プロジェクトの再建が可能な段階に設定する必要がある。期限の利益喪失事由の主な内容については、第5章1(5)・154頁参照。
⑤　強制期限前弁済

　期限の利益を喪失することにより弁済を求められる場合のほ

か、プロジェクト・ファイナンスにおいては一定の事由が強制期限前弁済事由として規定されることが一般的である。具体的には、保険契約に基づく保険金やEPC契約やO&M契約に基づく補償金を受領した場合、当該受領した金銭をシニアローンの元本の弁済に充当することを求めるのが典型的である。そのほかにも、財務制限条項に違反した場合には、スポンサーに対する配当を認めず、配当に回る予定の金銭を期限前弁済させることもある。なお、第4章4⑸b・123頁に述べるとおり、強制期限前弁済規定は、シニアローン契約締結段階で確定しきることのできない将来キャッシュ・フローの変動要因による収支の悪化が融資期間中に顕在化した場合における貸付人とスポンサーとの利害調整のツールとしても有用である。

⑶ **キャッシュ・フロー管理**

プロジェクト・ファイナンスにおけるキャッシュ・フローの管理に当たっては、入出金のタイミングの管理も重要な要素となることから、企業のキャッシュ・フロー計算書の分析などでよく用いられるいわゆる間接法ではなく、実際の金員の流れを把握するいわゆる直接法により経済性を分析して管理するのが通常である。また、プロジェクト・ファイナンスにおけるシニアローンの返済原資は特定のプロジェクトから生じるキャッシュ・フローに限定されるため、シニアレンダーとしてもプロジェクト全体のキャッシュ・フローを正確に把握し、管理する必要がある。そのため、シニアローン契約において、⒤プロジェクト会社が資金使途ごとに開設する預金口座（プロジェク

ト口座)に関する規定(口座管理規定)、及び(ii)プロジェクト口座の資金の移動に関する規定(資金移動規定)を設け資金を管理するのが一般的である(本書においては、かかる口座管理規定及び資金移動規定を合わせた資金管理に関する諸条項を、「資金管理規定」と呼称する)。これらの規定は、滝を流れる水のように資金が上位の口座から下位の口座に流れる様子を定めることからキャッシュウォーターフォール(Cash Waterfall)とも呼ばれる(下図参照)。

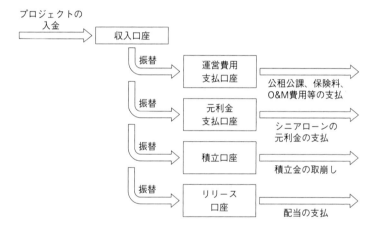

a 口座管理規定

プロジェクト口座は、プロジェクトごとに名称や内容は様々であるものの、主に①収入口座、②運営費用支払口座、③元利金支払口座、④積立口座、⑤リリース口座などからなる。キャッシュ・フロー管理が複雑な案件においては、入金の種類や支出の種類に応じて口座を細分化し、10以上の口座が開設されることもある。また、一つの口座の中で勘定を区別して

キャッシュ・フローを管理する場合もある。シニアレンダーとしてはプロジェクト会社に対してプロジェクト口座をエージェント銀行において開設することを義務付けるとともに、プロジェクト口座以外の預金口座の開設を禁止することになる。

① 収入口座

収入口座とは、プロジェクト会社に対して支払われる全ての資金を一旦預け入れるための口座である。プロジェクトにおける収入やスポンサーからの出資金、プロジェクト・ファイナンスの貸付実行代わり金などの全ての入金を収入口座に預け入れさせ、そこから他のプロジェクト口座に資金を振り替える形を取ることで資金の流れを管理しやすくすることができる。

なお、開発案件における建設期間中においては、他のプロジェクト口座への振替を経ずに、収入口座から直接プロジェクト・コストの支払を行う形とすることが多く、また、プロジェクト・コストに係る収支の管理の観点から、スポンサーからの出資金、プロジェクト・ファイナンスの貸付実行代わり金といったプロジェクト・コストの支払のための入金及びプロジェクト・コストの支払のために別のプロジェクト口座（プロジェクト・コスト口座）が開設される場合もある。

② 運営費用支払口座

運営費用支払口座とは、公租公課、保険料、O&M企業に対する委託料などのプロジェクトの運営に必要な費用の支払のために、収入口座から資金を振り替え、払い出すための口座である。費用の種類や重要度に応じて更に詳細に口座を区別することも多い。その場合、公租公課支払口座、保険料支払口座、

O&M費用支払口座、営業費用支払口座といった口座が開設されることになる。

③ 元利金支払口座

元利金支払口座とは、シニアローンの元利金の支払のために収入口座から資金を振り替え、払い出すための口座である。優先順位の異なるローンが複数ある場合やトランシェが区別されている場合には、それぞれの優先順位に合わせて複数の口座を開設することもある。また、元金の支払口座と利息の支払口座を区別して開設することもある。

④ 積立口座

積立口座とは、将来的に見込まれる支出や不測の事態に備えて一定の資金を積み立てておく（リザーブ）ために、必要な積立金額を収入口座から振り替え、積立金の取崩しが必要な場合に、積み立てた資金を払い出すための口座である。積立てをする理由に応じて口座を区別するのが通常であり、主な積立口座としては、短期的な資金不足が発生した場合でもシニアローンの元利金の支払を遅滞させないようにするための元利金支払積立口座（Debt Service Reserve Accountの英単語の頭文字をとってDSRAとも呼ばれる）や、施設及び設備の定期的な大規模修繕に必要な費用を積み立てておくための修繕費用積立口座などがある。

⑤ リリース口座

リリース口座とは、プロジェクト会社の株式／出資持分を保有するスポンサーに対する配当等を支払うために、収入口座から資金を振り替え、払い出すための口座である。収入口座から

リリース口座に資金を振り替えるに当たっては、期限の利益喪失事由が発生していないこと、DSCRが一定の水準を超えていることといった一定のリリース条件が設定され、これらの条件を充足している必要がある。かかるリリース条件については、シニアレンダーの目から見た、プロジェクト・キャッシュフローをスポンサーに環流させることなくプロジェクト会社に留保させたい事由が規定されることになるといえる。

　b　資金移動規定

プロジェクト会社の支出には様々なものがあるが、プロジェクトにおいて予定した収益が得られないなど収入口座の残高では全ての支出に必要な資金を賄えない場合に備えて、シニアローン契約においていずれの支出を優先させ、収入口座から振替を行うかの順位を定めておく必要がある（同一の債権者に対する弁済の充当順位を定めるものではないため民法488条１項に規定する弁済の充当の指定ではなく、あくまで口座間で資金を振り替える順位を定めるものである）。そして、この順位は上述の口座の記載順序に対応して、②運営費用支払口座、③元利金支払口座、④積立口座、⑤リリース口座の順で収入口座からの振替が優先するのが通常である。

一般的なコーポレート・ファイナンスの場合と異なり、プロジェクト・ファイナンスの場合にシニアローンの元利金の支払よりも運営費用の支払を優先させる理由は、なるべくプロジェクトを継続させ収益を生み出す体制を維持する方が最終的に元利金の返済額が多くなる可能性が高くなると考えられるためで

ある。一方、スポンサーに対する配当の支払よりもシニアローンの元利金の支払を優先させる理由は、スポンサーはプロジェクトが不調の場合に出資が戻ってこないリスクを負った資金拠出者であるためである。積立口座内のリザーブは、その積立ての目的のために取り崩されることがある。その場合、取り崩された積立金が再度積み立てられるまでは配当を停止するのが通常である。また、キャッシュウォーターフォールにおいて上位に位置付けられたプロジェクト口座の残高が不足する場合には、不足が生じたプロジェクト口座から支払のために下位のプロジェクト口座内の資金が振り替えられる場合もある。いずれにしても、プロジェクトごとに運営費用の支払の重要度やシニアローンの返済メカニズムなどは様々であるため、シニアレンダーとしてはプロジェクトの性質に応じて優先順位を定めることが重要となる。

3　担保関連契約

　一般的に担保とは、債権者の債権回収を図るため、担保の対象である特定の資産に対して設定され、当該資産から他の一般の債権者に優先して弁済を受け得る権利である。コーポレート・ファイナンスにおいては、担保対象となる目的物を換価した場合の交換価値を念頭に担保設定がなされるのが通常である。しかしながら、プロジェクト・ファイナンスにおいては、担保権が設定される資産は汎用性・代替性に乏しいため市場性が認められないものも多く、シニアレンダーはプロジェクト会

社が保有する資産を売却して換価したとしても債権の全額を回収することはできない可能性が高い。そのため、むしろプロジェクトを再建し、継続させる方がシニアローンの返済総額が増加する可能性が高くなると考えられる。そのためには、第三者による差押え等によってプロジェクトを構成する資産が散逸することを防止する必要がある（消極的・防御的機能）。また、既存のスポンサーの下でプロジェクトの遂行が立ちいかなくなった場合には、シニアレンダーがプロジェクトの運営に介入し（Step In）、新たなスポンサーにプロジェクトを承継させる権利も確保しておく必要がある（積極的機能）。かかるプロジェクト・ファイナンスにおける担保の特殊性から、シニアレンダーはプロジェクトを構成する全ての資産、権利、契約上の地位などを担保対象とするのが原則である（全資産担保）。ただし、実務上、担保設定が困難な資産（例えば、行政からの許可によって認められる権原、担保の設定に第三者の承諾が必要な資産など）も存在することから、プロジェクト・ファイナンスにおける担保の意義を踏まえて担保設定の要否を検討することになる。また、資産の種類が膨大であり、個別に担保設定をすることが現実的ではない場合には、担保設定を省略することの可否について検討することもある。

　具体的にプロジェクト・ファイナンスにおいて用いられる担保の種類としては、主に①抵当権、②質権、③譲渡担保権及び④契約上の地位譲渡予約などがある。なお、2024年6月に成立した事業性融資の推進等に関する法律に基づく、企業価値担保権のプロジェクト・ファイナンスにおける利用可能性につき関

心が高まっているところであり、今後の議論の動向を注視する必要がある。

① 抵当権

　プロジェクト・ファイナンスにおいて抵当権の対象となる主な資産としては、プロジェクト会社の保有する不動産及び地上権（民法369条）がある。そのほかに、発電所の建設プロジェクトなどにおいては、工場抵当法1条2項において電気の供給の目的に使用する場所が「工場」とみなされることから、工場抵当法に基づき工場財団抵当権を設定することも珍しくない。プロジェクト・ファイナンスにおいては全資産担保の原則から、不動産としての工場だけではなく工場の用に供される動産についても担保を設定する必要があるところ、工場財団抵当権は不動産と動産を一体とした一つの財団としてまとめて担保設定できるという利点がある。また、工場財団抵当権は対抗要件としての登記に必要な登録免許税の税率が低いためプロジェクト・コストを低減できるという事情もある。一方で、工場財団抵当権の設定のための手続は複雑で、いつから登記が可能であるか等実務上の取扱いが地域の法務局ごとで異なることもある。また、工場財団を組成した後に工場の用に供される動産の入替えが頻繁に行われるような案件においては、その都度工場財団目録の記載変更登記手続を行う必要が生じ得ることから、留意点及びデメリットを踏まえて判断する必要がある。ほかに、PFI法により、コンセッション型PFIにおいて公共から付与される公共施設等運営権についての抵当権の設定も可能であり、この種の案件においては必ず利用されているといってよい。

② 質権

　プロジェクト・ファイナンスにおいて質権の対象となる主な資産としては、プロジェクト会社の有する金銭債権、並びにスポンサーが有するプロジェクト会社の株式及び出資持分などが考えられる。これに対して、プロジェクト会社が保有する動産や不動産に質権を設定することも考えられるが、質権の設定には当該動産や不動産の占有を債権者に移転する必要があるため（民法345条、346条）、これらの資産について質権を設定することは現実的ではなく、動産については後述する譲渡担保権が、不動産については上述した抵当権が設定されることが多い。質権の対象となるプロジェクト会社の有する金銭債権としては、預金先金融機関に対するプロジェクト口座（リリース口座は除かれることもある）に係る預金債権、保険会社に対する保険金請求権（ただし、責任保険契約に基づく保険金請求権に対する担保設定は保険法により制限される）やオフテイカーに対して有する物やサービスの対価の支払請求権などが典型的である。

　スポンサーが有するプロジェクト会社の株式及び出資持分に対しても質権を設定するのは、新たなスポンサーにプロジェクトを承継させる方法によるStep Inを行うに当たって、これらの株式や出資持分を新たなスポンサーに譲渡する方法が最も簡便であるからである。

コラム②

合同会社の社員持分の担保取得

　プロジェクト会社が合同会社である場合には、社員持分に質権が設定されることが通常であるが、株式に対する質権設定については会社法が具体的な規定を設けているのに対して、社員持分に対する質権設定については会社法が何らの規定を設けていない。また、その有効性や対抗要件の具備方法について、今のところ判例等により確立された取扱いも存在しない。実務上は、権利質（民法362条）の一場合として認められるという有力説に立った上で、質権設定者である社員による質権設定行為及び権利質の対抗要件具備の規定（民法364条、467条）に従ってSPCの確定日付ある承諾を取得することによって、質権の設定及び対抗要件具備を行うことに加え、担保実行の際のことを考え、質権設定者以外の全ての社員の承諾を得ることが通常ではないかと思われる（長島・大野・常松法律事務所編『アドバンス会社法［第3版］』701頁以下（商事法務、2016年）参照）。

　また、換価価値やプロジェクトの運営についての議決権の有無にかかわらず、スポンサーが有する資産のうち、プロジェクト会社に対する匿名組合出資持分や劣後ローン債権についても質権が設定されることもある。これは、株式や出資持分に設定された質権を譲渡することによってStep Inを行う場合において、既存スポンサーが債権者となるこれらの権利が存続することが支障になるおそれがあること等を理由に設定されるものである（それにもかかわらず、契約上の地位を含めてあらゆる資産に担保を設定する理由については、三上二郎＝勝山輝一「PFIにおける担保権に関する一考察―ステップインに関する問題点を中心に」

金融法務事情1913号74頁参照)。

③　譲渡担保権

　プロジェクト・ファイナンスにおいて譲渡担保権の対象となる主な資産としては、プロジェクト会社の有する動産及び不動産賃借権などが考えられる。上述のとおり、動産については、質権を設定することに支障があることも多いため、質権と同様の問題が生じない譲渡担保権を設定する例が多い。動産の譲渡担保権の対象としては、太陽光発電所のプロジェクトにおける太陽光パネル(なお、太陽光パネルは土地と付合して一体となることなく(民法242条)、土地とは別個独立した動産であると考えられている)や火力やバイオマス発電所のプロジェクトにおける燃料などが典型例である。これらの動産は、担保対象となる動産の故障等による交換や消費により変動することから、当該動産の種類、所在場所及び量的範囲を特定し、集合動産譲渡担保権を設定することが一般的である。なお、工場財団抵当権を設定する場合には動産に対して譲渡担保権を設定する必要がない場合もあるが、工場財団に組み入れられない、あるいは上記の例により当然に入れ替わりが想定されるものについてはその都度工場財団目録の変更のための変更登記を行うことは煩雑であるという理由で、動産に対して別途譲渡担保権を設定することもある。

④　契約上の地位譲渡予約

　契約上の地位譲渡予約とは、プロジェクト会社が締結している各プロジェクト関連契約について、シニアレンダーが、当該プロジェクト関連契約上のプロジェクト会社の地位をシニアレ

ンダーが指定する者に対して譲渡することを予約し、シニアレンダーが予約完結権を行使した場合には自動的に当該契約上の地位が指定された者に譲渡されることを合意するものである。契約上の地位譲渡予約は、プロジェクト会社が締結した契約に基づき発生する債権の換価価値ではなく、プロジェクト会社の契約当事者としての地位自体を保全することを目的として締結される。講学上は必ずしも担保権として分類されるものではないが、上述のとおりプロジェクト・ファイナンスにおける担保権の役割として重要となるプロジェクトへの介入が必要となる場面においてはプロジェクト会社が締結している契約をそのまま第三者へ承継させることが必要となることが考えられるため、プロジェクト・ファイナンスの実務においては担保（セキュリティー・パッケージ）の一種として分類することが一般的である。具体的には、EPC企業との間のEPC契約やO&M企業との間のO&M契約といったプロジェクトの運営に必要不可欠であり代替性の乏しいプロジェクト関連契約上のプロジェクト会社の地位を対象として地位譲渡予約契約が締結される。

4 債権者間契約

プロジェクト・ファイナンスにおいては貸付金額が高額な案件が多く、複数の金融機関による融資団（シンジケート団）が組成されることが一般的である。そのため、シンジケート団を構成する複数のシニアレンダー間の法律関係を取り決める必要がある。このために、シニアレンダー間における意思結集の方

法や返済された元利金の分配方法、債権者間の利害が対立する場面における利害関係の調整方法などを規定する債権者間契約が締結されることがある。

　シンジケート団の意思結集は、シニアローン契約の前提条件や誓約事項などに規定されたシニアレンダーの承諾事項について、プロジェクト会社からの申出に応じて行われることになるが、承諾事項の重要度に応じて、シニアレンダーの全会一致が必要となる事項（シニアローン契約の変更、スポンサーの変更など）、全議決権の3分の2以上や過半数の賛成で可決する事項など、シニアレンダー間の融資比率や頭数に応じた決定メカニズムやエージェントが単独で決められる事項が規定される。プロジェクト・ファイナンスにおいてはシニアローン契約におけるシニアレンダーの承諾事項が多岐にわたるため、コーポレート・ファイナンスと比較するとプロジェクト期間中にシニアレンダーの意思結集の機会は多くなる。

　また、メザニンレンダーによるメザニンローン、スポンサーによる劣後ローンなど優先順位の異なる貸付がなされる場合には、債権者間それぞれの優劣関係の取決めや担保の実行方法などについての取決めが必要となる。実際にどのような債権者間の取決めが必要となるかは、プロジェクト・ファイナンスのストラクチャーを検討する際に関係当事者で個別に検討・整理する必要がある。

5　スポンサーサポート契約

　スポンサーはプロジェクトの成否に最も利害関係を有するため、プロジェクトの遂行を積極的にサポートすることを意図しているのが通常であるが、当該サポートの実施をシニアレンダーに対して約束することなどを目的として、スポンサーサポート契約（株主確認書、スポンサー確認書、関係者間契約等案件によって名称は様々である）が締結されることがある。プロジェクト・ファイナンスにおけるシニアローン契約はノンリコース又はリミテッドリコースの貸付であることが通常であり、それを前提とすれば、スポンサーがシニアローン契約の返済に関して法的な責任を負うことはないのが原則だが、シニアレンダーの与信判断上、スポンサーのプロジェクトへのコミットメントを確認し、あるいは、一定の場合にはシニアレンダーに対して責任を負わせることが必要となる場合もある。

　スポンサーサポート契約の主な内容としては、スポンサーによるプロジェクト会社に対する出資に関する事項として、一定金額の出資義務及び出資の時期、出資比率の維持などが規定される。プロジェクトの財務的完工までの建設期間中については、スポンサーが融資関連契約上のプロジェクト会社の債務を保証することもある（完工保証）。また、プロジェクトの運営に関して問題が生じたなど一定の場合にスポンサーが追加出資をする義務が規定される場合もある。追加出資義務がスポンサーサポート契約に規定される具体例としては、プロジェクト

のリスク分担を整理する際にスポンサーが負担すべきと整理されたリスクが現実化した場合に要する追加費用や損害を塡補するためにスポンサーが追加出資をすることなどが考えられる（この点については、第 4 章 4⑺・124頁も参照のこと）。もっとも、スポンサーはプロジェクトに危機的な事態が生じた場合に立直しのサポートをする意向はあったとしても、あらかじめ追加出資の義務が明確に規定されることには否定的であることも多く、案件ごとの交渉事項となる。

そのほか、スポンサーサポート契約には、スポンサーの会社組織や内部手続に関する事項、スポンサーが締結するプロジェクト関連契約の有効性などについての表明保証が規定されるほか、スポンサーが保有する株式や出資持分に対する担保設定への協力、プロジェクト運営への協力などの誓約事項が規定される。

6 直接協定

直接協定とは、プロジェクトの関係当事者のうち、重要な役割を有する者とシニアレンダーとの間で締結される契約をいう。シニアレンダーとは直接の契約関係には立たないプロジェクトの関係当事者とシニアレンダーが直接的に協定を締結することから直接協定と呼ばれる（英語での直接協定（Direct Agreement）の頭文字をとってDAと呼ばれることもある）。具体的にはPFI案件において発注者たる公共主体との間で協定を締結することや、発電プロジェクトにおいてオフテイカーとなる

電力会社又は需要家やEPC企業などとの間で協定を締結することが想定される。

　直接協定を締結する主な目的は、プロジェクト関連契約の債務不履行が生じた場合などプロジェクト会社によるプロジェクトの実施が困難になったときに、シニアレンダーによるプロジェクトへの介入（Step In）にプロジェクトの関係当事者が協力する体制を確保することにある。具体的には、プロジェクトの関係当事者がプロジェクト関連契約の解除権を一定期間留保すること、シニアレンダーによる担保権の設定や実行に協力することなどが直接協定の内容として規定される。

　また、直接協定において、プロジェクト関連契約に基づく権利に対して設定した担保権に対する対抗要件の具備としての承諾及びプロジェクト関連契約上の地位譲渡予約における地位譲渡についての承諾を得るという目的もある。プロジェクト関連契約に基づきプロジェクト会社が有する債権に対してはシニアレンダーが質権又は譲渡担保権を設定することが通常であるが、いずれの担保設定方法による場合であっても、プロジェクトの関係当事者が確定日付のある証書により承諾することにより債務者及び第三者対抗要件を具備することができる（民法364条、467条）。そこで、直接協定においてプロジェクトの関係当事者が担保設定に承諾したことを明確化し、当該協定書に確定日付を付することで対抗要件を具備するのである（直接協定という形ではなく、担保設定の承諾書として取り交わされる場合もある）。また、プロジェクト関連契約上の地位譲渡予約をする場合にも、Step Inに際しての予約完結権行使に伴う契約上の

地位の譲渡については契約の相手方たるプロジェクトの関係当事者の承諾が必要となるため、直接協定において併せて地位譲渡予約（将来における予約完結権行使に際しての契約上の地位の譲渡を含む）についてもプロジェクトの関係当事者が承諾したことを明確化するのである。

第3章

プロジェクト関連契約の概要

1 プロジェクト関連契約の種類

プロジェクト・ファイナンスを組成するに当たって、プロジェクト会社がシニアレンダー以外のプロジェクト関係者との間で締結するプロジェクトに関連する契約をプロジェクト関連契約という。プロジェクト関連契約の範囲は案件によって様々であるものの、多くの案件で共通する主な種類としては、①オフテイク契約、②EPC契約、③O&M契約、④出資契約、⑤土地利用権設定契約、⑥保険契約などがある。

そのほか、火力発電プロジェクトにおいては石炭やLNGなどの燃料の調達契約、発電設備などの長期保守契約（Long Term Service Agreement）が締結されるのが一般的である。また、コンセッション型のPFI事業などでは公共施設等運営権実施契約が締結される。実際には、プロジェクトの個別事情に応じて様々な種類の契約が締結されることになるが、以下では多くの案件で共通する①から⑥までの契約の重要な点について概観する。

プロジェクト・ファイナンスにおけるレンダーの立場からは、レンダー自身がプロジェクト関連の直接の当事者になるわけではないため、必ずしもレンダー自身が借入人とプロジェクト関連契約の相手方との交渉を主体的に行うわけではない。しかしながら、プロジェクト関連契約の内容がレンダーの満足する内容で締結できなければ、プロジェクト・ファイナンスの組成もできないことから、レンダーとしてもプロジェクト関連契

約の内容に強い利害関係を有することになる。そのため、レンダーの視点から各契約をレビューした上で、借入人による契約交渉を後押しする必要がある。

　また、プロジェクト・ファイナンス組成のストラクチャーを法的に確保する観点から、プロジェクト・ファイナンス条項などといわれる、責任財産の限定特約、借入人の資産に対する差押え等の禁止条項、借入人に対する倒産手続申立ての禁止条項などプロジェクト・ファイナンス組成独自の契約条項をプロジェクト関連契約に規定するように交渉する必要がある。これらの点の詳細については第4章3⑺・108頁を参照されたい。

2　各プロジェクト関連契約の特徴

① オフテイク契約

　オフテイク契約とは、プロジェクト会社とオフテイカーとの間で締結するプロジェクトにおいて生み出す物やサービスの引取り（Off Take）に関する契約をいう。具体的には、発電プロジェクトにおいて発電した電力の受給契約（Power Purchase Agreement）や、サービス購入型のPFI事業における事業契約などがある。

　オフテイク契約は、プロジェクト・ファイナンスにおけるシニアローンの返済原資となるキャッシュ・フローの源泉となる契約であるため、オフテイカーの信用力はプロジェクト全体の信用力や融資判断を行う上で極めて重要な考慮要素となる（ただし、物やサービスを一般の取引市場で売却する場合やコンセッ

ション型のPFI事業などプロジェクト・ファイナンスの対象となるプロジェクトであってもオフテイク契約がない場合もある)。オフテイク契約においては、プロジェクトの立上げの初期費用及びプロジェクトの運営費用を回収し、シニアローンの元利金を返済し、スポンサーへの合理的な配当が可能となるキャッシュ・フローが得られるようオフテイクの単価及び期間を設定する必要がある。安定したキャッシュ・フローが得られるようにするために、オフテイクの対象となる物やサービスが提供できる状態にある限り、実際にオフテイカーが物やサービスを引き取ったか否かにかかわらず、一定の対価の支払義務を負うテイクオアペイ（Take or Pay）と呼ばれる契約条件とする例が多い。例えば、再生可能エネルギーの発電事業における固定価格買取（FIT）制度での電力受給契約は、20年の固定価格での電力の買取りが制度的に保障されているため、プロジェクト・ファイナンスとの相性のいいオフテイク契約である。

　また、プロジェクト途中でオフテイク契約が終了した場合、全く同一の条件により代替する契約を締結するのは容易ではなく、オフテイク契約の終了はキャッシュ・フローの源泉を失うことになるため、オフテイク契約がどのような場合に終了する可能性があるかはシニアレンダーにとっても重要な関心事となる。重大な契約違反や不可抗力によりプロジェクトが継続不可能になるといった事情がない限り、通常プロジェクト会社及びオフテイカーの双方にとってオフテイク契約を終了させるインセンティブは低いことから、契約違反が生じた場合であっても損害賠償や治癒のメカニズムを設けてできるだけオフテイク契

第3章 | プロジェクト関連契約の概要

約が継続できるような措置を講じるのが一般的である。

② EPC契約

EPC契約とは、プロジェクト会社とEPC企業との間で締結する施設及び設備の設計（Engineering）、調達（Procurement）及び建設（Construction）に関する契約をいう。発電プロジェクトにおける発電所の設計及び建設並びに発電機器の調達を一体化した契約や、サービス購入型のPFI事業における給食センターや廃棄物処理施設などの施設の設計及び建設並びに設備の調達を一体化した契約などがある。

プロジェクトにおける投下資本の大半は施設及び設備の工事に関する費用となる案件が多く、当該施設及び設備の性能によってプロジェクトのキャッシュ・フローが左右されることになるため、EPC契約はプロジェクトを成功させる上でも重要な契約となる。プロジェクトの建設段階におけるプロジェクトのリスク分担を定める多くの要素を含むことから、それらを契約上コントロールする必要がある。具体的には、プロジェクトの施設及び設備の完工が遅延する（タイムオーバーラン）、施設及び設備の完工に要する費用が当初の予算を超過する（コストオーバーラン）といったリスクや、完工した場合であっても要求水準として期待する性能を発揮できず、予定どおり収益を上げられないといったリスクの負担をEPC企業に求めることが多い。

タイムオーバーランのリスクへの対応として、EPC契約においては、所定の完工日（certain data）までに運営が可能な状態で引き渡されること（full turn key）を義務としてEPC契約

に規定することが一般的である。EPC企業がかかる義務に違反した場合、借入人としては損害賠償額の予定として運営費用や元利金の支払が賄える水準の損害賠償が受けられるよう交渉することが必要となる。また、コストオーバーランのリスクへの対応としては、EPC契約の契約金額は一括で請け負った総額（lump sum）を事前に合意した固定価格（fixed price）として設定することが一般的である。これによって追加費用が生じた場合でも、当該費用をEPC企業に負担させ、借入人に計画外の追加費用支払が生じないようにすることが重要となる。

　また、性能未達のリスクへの対応としては、要求水準に従って施設及び設備が完工していることの性能試験方法を取り決め、技術コンサルタントによる検証を行わせるなど完工前の審査を厳格に行う必要がある（プロジェクト・ファイナンスにおける「完工」という用語は多義的であり、物理的、機械的な施設等の完工（Physical/Mechanical Completion）のみならず、運営前の試験への合格や運営訓練の完了などプロジェクトの運営が開始できる状態（Project Completion）の確認を行う必要がある。なお、融資関連契約においてはプロジェクト完工後に予定どおりのキャッシュ・フローを生み出せるかどうかを一定期間確認した状態を財務的な完工（Financial Completion）として認め、それをスポンサーに対する配当の要件として設定するのが通常である）。さらに、EPC企業は初期不良に関して契約不適合責任を負うことになる。また、発電プロジェクトでは、完工後一定の期間において要求水準として期待する一定の発電量の保証値を満たさない場合、EPC企業に保証値と実績値との差を基に算定される逸失利

益の保証を求めることも多い。
③ O&M契約

　O&M契約とは、プロジェクト会社とO&M企業との間で締結するプロジェクトの運営（Operation）及び維持管理（Maintenance）に関する契約をいう。発電プロジェクトにおける発電所の完工後の運営及び維持管理を委託する契約や、PFI事業における施設完工後の事業期間にわたる運営及び維持管理を委託する契約などがある。

　プロジェクト会社は、事業経験のある役員や従業員が存在しない特別目的会社（SPC）であることが通常である。そのため、プロジェクトの運営及び維持管理をO&M企業に委託することが必要となる。O&M企業は、プロジェクト期間全体にわたってプロジェクトに関与する重要な役割を担う者であるところ、プロジェクト・ファイナンスの本質がスポンサーの事業遂行能力に依拠する事業金融であることにも鑑み、スポンサーが自ら又は子会社若しくは関連会社を通じてO&M企業の任に就くことが原則である。もっとも、太陽光発電所プロジェクトなど運営及び維持管理の能力の差によるプロジェクトの収支への影響が少ないプロジェクトにおいては委託業務について経験が豊富で信用力のある第三者をO&M企業として選任する場合もある。

　O&M契約の契約期間は、プロジェクトの運営期間全体をカバーする長期の契約とするのが通常である。また、オフテイク契約と同様、プロジェクトの途中でO&M契約が終了した場合、全く同一の条件により代替する契約を締結することは困難

である可能性が高いことから、O&M企業がプロジェクトの途中で離脱することのないように取り決める必要がある。

O&M契約の委託内容及び業務遂行方法はプロジェクトによって様々であるが、プロジェクトの運営及び維持管理にとって必要な業務が網羅されていることや、業務遂行計画が実現可能なものであることを技術アドバイザーにも確認させることも広く行われている。

O&M契約の委託料も、プロジェクトにより様々ではあるものの、シニアレンダーの立場からはプロジェクト・コストを平準化し、キャッシュ・フローを安定させるために固定価格が好まれる。ただし、プロジェクトが長期間にわたるため物価変動などに応じて委託料も変動することや、不規則に発生する業務について追加的な委託料の支払が認められることもある。なお、スポンサーがO&M企業を兼ねる場合には、委託料の支払が融資関連契約におけるスポンサーに対する配当に課せられたルール（リリース条件を含む）の潜脱とならないようにシニアレンダーとしては委託料が適正な水準の範囲内にあることを確認する必要がある（シニアローン契約のキャッシュウォーターフォール規制において、O&M企業に対する委託料の支払はシニアローンの元利金の支払に優先する一方、スポンサーへの配当はシニアローンの元利金の支払に劣後するのが通常であるため、両者を峻別する必要がある）。

④ 出資契約

出資契約とは、プロジェクト会社とスポンサーとの間で締結するプロジェクト会社に対する出資に関する契約をいう。

どのような出資契約が締結されるかは、スポンサーによるプロジェクト会社への出資方法によって異なり、プロジェクト会社が株式会社の場合には株式引受契約が、合同会社の場合には出資引受契約が締結されるのが通常である。また、法形式としては出資ではないものの、税務上のメリット等から出資に変えてスポンサーがプロジェクト会社に対してシニアレンダーに劣後する条件で貸付を行うこと（劣後ローン）も多く、この場合は金銭消費貸借契約となる（ただし、スポンサーが銀行や貸金業者でない場合、プロジェクト会社へ貸付を行うことは貸金業法の問題が生じる可能性がある）。そのほか、劣後ローンと同様、税務上のメリット等から、匿名組合契約を締結して出資を行う例も見られる（ただし、匿名組合契約に基づいて出資された資金を用いてプロジェクト会社が不動産取引を行う場合（例えば、プロジェクトのために用いる土地を購入し、プロジェクト完了時に売却する場合には、これに該当し得る）には不動産特定共同事業法の問題が生じる可能性がある。また、匿名組合出資者の業務への関与度合いによっては、匿名組合性の問題が生じる可能性がある）。

コラム③

匿名組合性の否認リスク

商法535条で匿名組合は、「当事者の一方が相手方の営業のために出資をし、その営業から生ずる利益を分配することを約することによって、その効力を生ずる」と規定されている。この匿名組合の性質については様々な議論があるところであるが、

主に民法667条に規定する任意組合との異同が問題となる。同じ組合という名称ではあるが、任意組合は組合員相互間の団体的な契約であるのに対し、匿名組合は営業者と匿名組合員の一対一の相対の契約として締結されるといった基本的な違いがあるほか、法的には、①第三者に対する権利義務について、任意組合の組合員は持分割合に応じて直接負担する（直接無限責任）のに対して、匿名組合員は第三者に対して権利義務を有しない（間接有限責任）、②財産の帰属について、任意組合は組合員の共有（合有）となるのに対して匿名組合は営業者に帰属する、③業務執行権について、任意組合では組合員が権限を有するのに対して、匿名組合員は権限を有しないといった違いがある。また、特に投資家が外国法人である場合に、当該外国との租税条約によるものの、典型的には、任意組合であると業務執行を行う組合員の日本国内の事業所が外国法人たる投資家にとっても日本国内の恒久的施設（PE）と判断され、外国法人への分配金が日本の事業所に帰属する所得として取り扱われる可能性がある。一方、典型的な匿名組合の場合には利子などと同様一定の源泉徴収によって完結するといった税務上の取扱いの違いもある。

　しかしながら、匿名組合か任意組合の違いは相対的な面があり、例えば、プロジェクト会社がSPCで、実質的には匿名組合員たるスポンサーが業務執行を行っているような場合、③の観点から、「匿名組合契約」との名称をもって締結した場合であっても、法的には任意組合であるとみなされる（再構成される）可能性も否定できない。そのため、理論的には、例えば、税務当局や営業者の債権者からは、匿名組合としての性質を否認し、匿名組合であることを前提とした請求（直接無限責任を前提に、営業者の債務を匿名組合員に請求するなど）がなされる可能性がある。そのため、匿名組合による出資を検討する場合には、この匿名組合性が否認されるリスクに留意して契約内容を検討する必要がある。ただし、匿名組合性が否認されても匿名組合員による出資が無効になったり、取引が違法となったり

するわけではないため、貸付人にとって、この匿名組合性否認リスクがどのような意味を持つか、というのは実のところ一義的に明確というわけではない。

> **コラム④**
>
> ### 匿名組合契約と不動産特定共同事業法
>
> 匿名組合契約において、不動産取引から生ずる収益又は利益の分配を約束する内容を含む場合には、不動産特定共同事業法に規定する「不動産特定共同事業契約」(不動産特定共同事業法2条3項2号)に該当する可能性があり、該当してしまうと原則として同法に基づく許可を受ける必要が生じてしまう(松本岳人ほか『逐条解説　不動産特定共同事業法［第2版］』18頁(金融財政事情研究会、2022年)参照)。プロジェクト・ファイナンスの組成される事業において、不動産取引から生じる収益や利益の分配を行う場面はあまり想定されないものの、開発した施設を売却したり、プロジェクト用地の一部を賃貸する必要があるといった形で不動産取引が行われる可能性がある場合、不動産特定共同事業法の適用が問題となることがある。プロジェクト会社は通常、同法に基づく許可の要件を充足することが困難であるため、実務上は、同法の許可を受けないで済むようにストラクチャーを工夫するなどの対応が必要になる。

出資契約の内容について、シニアレンダーとしては、配当や償還の条件がシニアローン契約において定める誓約事項や資金管理規定と矛盾しない内容となっているかを確認する必要がある。また、スポンサーによる出資が確実に履行されることを確認するため、出資義務の内容及び出資の条件なども確認する必要がある。もっとも、融資関連契約において、融資関連契約と

矛盾する出資契約の内容については融資関連契約の規定が優先する旨の規定を設けるのが通常であり、また、日本国内のプロジェクト・ファイナンスの実務においてはスポンサーが予定する出資額の全額を拠出していることをシニアローンの初回の貸付実行の前提条件として設定する例が多いため（この点については、第4章4⑼ａ・127頁も参照のこと）、出資契約の内容が問題になる例は多くはない。

⑤　土地利用権設定契約

　土地利用権設定契約とは、プロジェクト会社とプロジェクトにおいて利用する土地の所有者などとの間で締結する土地の利用権原の設定に関する契約をいう。具体的には、地上権又は地役権の設定契約や土地の賃貸借契約、（私法上の契約ではないがこれに類するものとして）行政からの占用許可などがある。なお、プロジェクト会社が土地の所有権を取得する場合には、継続的な契約ではないが当該取得に関する売買契約等は同様に確認が必要になる。

　土地利用権設定契約の契約期間は、建設期間を含めたプロジェクト期間全体をカバーする長期の契約とするのが通常である。また、プロジェクトの途中で土地利用権設定契約が終了した場合、代替する契約を締結することは困難であることから、プロジェクトの途中で終了することのないように取り決める必要がある。この点、土地の権原の種類によって存続期間に違いが生じることから、それぞれの性質を踏まえてプロジェクトの運営に必要な土地の権原を確保できているか確認する必要がある。

例えば、占用許可を得て土地を使用する場合、許可の期間は5年や1年など短期間しか許可されないことが多い。そのため、プロジェクト期間途中で土地利用権原を喪失するリスクがある場合には、土地利用権原の更新などにより引き続き土地を利用できることを確保するための対処が必要となる。この点については、第4章4(8)・125頁も参照されたい。

⑥　保険契約

保険契約とは、プロジェクト会社と保険会社との間で締結するプロジェクト期間中に生じた事故等による損害を塡補するための契約をいう。具体的には工事組立保険、運営開始遅延保険、財産包括保険、第三者賠償保険、地震保険などがある。

プロジェクト・ファイナンスにおいてはリスク・コントロールのための仕組みづくりが極めて重要であるところ、不可抗力などのリスクを回避する方策として、保険契約は重要な役割を担うことになる。保険の種類は多様なものがあり、保険内容の専門的な知識が不可欠であるため、付保内容の決定に当たっては保険コンサルタントと協議の上で決定する必要がある。また、シニアレンダーは保険契約の相手方となる保険会社について、投資格付において一定以上の信用力を有する者に限定することが通常である。

なお、支払われた保険金については、保険金の種類に応じて補修のための費用に充当されるほか、シニアレンダーへの弁済に充てられる原資として用いられる。

第 4 章

法的観点から見た
プロジェクト・ファイナンス組成に
おけるエッセンス

1　リスクの分担とその考え方

　プロジェクト・ファイナンスにおいては、リスクを洗い出し、それを解消又は緩和することが重要な課題となることは、第1章5・25頁において述べたとおりである。リスクの解消又は緩和についての議論の基礎となるのが、プロジェクトに関係する様々な当事者のうち、誰がどのリスクを取るか、すなわち、リスクの分担の問題である（リスク分担のイメージは下図参照）。

　以下では、いくつかの実務的な視点や考え方（整理）を見ていく。

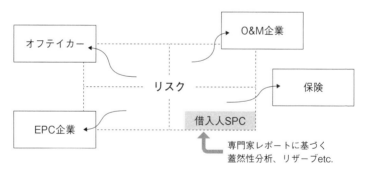

(1)　リスクをコントロールできる者に負担させる

　誰がどのリスクを分担すべきかについては、リスクに最も精通し、コントロールできる者が当該リスクを取るべきであるというのが原則とされる。通常はそれが、プロジェクト総体として見たときに、最も安価にリスクをコントロールする手段とな

るためである。例えば、資材の調達や工事工程をコントロールできるのはEPC企業であるから、工事費の増加や工事遅延のリスクは、EPC企業が負担すべきである、といった具合である。もっとも、個別のプロジェクトにおいてEPC企業がどこまでのリスクを負担することになるかは、プロジェクトにおけるEPC企業の位置付け（スポンサーやその関係会社であるか否か等）や契約価額次第というところもあり個別案件ごとの交渉事項となる。

(2) リスク・テイクの対価を得る者に負担させる

　貸付人にとって、プロジェクト・コストや営業費用が「確定しない」ことは問題だが、「高い」ことは問題ではない。プロジェクト・ファイナンスにおけるデット・サイジングの手法（第1章4・19頁参照）によれば、プロジェクト・コストが「高い」ことは融資可能額を左右しないし、営業費用が「高い」ことは、単に融資可能額を小さくすることにつながるのみで、特に貸付人にとってのリスクが大きくなることを意味しないからである。逆に、プロジェクト・コストや営業費用が「高い」場合、プロジェクト・コストに占めるスポンサーによるエクイティ拠出額が大きくなり、また、スポンサーのエクイティIRRが悪化する（得られるレバレッジが小さくなる）ことになるわけだが、スポンサーが許容できる限り、プロジェクト・ファイナンスの組成は可能である。

　そこで、追加的な対価を支払ってリスクイベント発生時のキャッシュ・フローの悪化を防ぐことができれば、そのような

方法は検討に値する。最も典型的なものは為替ヘッジ・金利ヘッジ(第1章2⑥・16頁)や保険(後記第4章4⑵・118頁参照)である。

⑶ 帰責者に負担させる

プロジェクト関連契約の当事者が、契約上の義務を適切に履行しない結果としてリスクが発生したときは、当該当事者にそれ以上の損害の発生を防止する策を講じさせるとともに、既に発生した損害を賠償させるべきである。例えば、発電プロジェクトのEPC契約において予定された仕様が満たされていない結果として必要な発電量が得られない場合、EPC企業をして修補等をさせ、得られなかった発電量に対応する利益相当額を賠償させることが合理的である。ただし、契約相手方に、どのような場合に、どこまで責任を負担させるかというのは、契約交渉の問題となる(第4章3・80頁参照)。

⑷ 「残ってしまった」リスクの内的解消

ノンリコースを前提とするプロジェクト・ファイナンスにおいて、借入人SPC以外のいずれの当事者にも負担させることができないリスクは、貸付人のリスクとしても残ってしまうのが原則といえる。

これらについて、各種DDを踏まえてリスク発生の蓋然性を客観的に評価し、それが十分に低いといえる場合には、特段の仕組み上の手当てを講じないこともあり得る。例えば、プロジェクト用地の土壌汚染や地中埋設物の存在などは、地権者に

リスクを負担させられることが望ましいが、実際上は地権者が個人や地方公共団体であることもあり、そうすることが難しい場合もある。そうした場合であっても、専門家による土壌調査のほか、土地の来歴等に基づく分析を踏まえてリスクが小さいと評価できる限り、仕組み上の手当を不要とすることも可能であろう。

　そうでないリスクについては、借入人SPC内における仕組み上の手当を講じることで、融資可能（Bankable）な程度まで緩和することができる場合がある。第1章4（19頁以下）で説明した、計画DSCRを用いたプロジェクト・ファイナンスにおけるデット・サイジングの方法は、元利払いに対するCFADSの余剰を確保することで、既に一定のリスク緩和措置となっている。このほかにも、リザーブ（第2章2⑶a④・44頁、第4章4⑷・120頁）やキャッシュ・スウィープ（第4章4⑸b・123頁）などが利用される。それらを駆使しても十分に緩和できないリスクについては、スポンサーサポート（第2章5・54頁、第4章4⑺・124頁）での対応を求めることが考えられる。

2　プロジェクト関連契約のレビューとは

⑴　プロジェクト関連契約に含めることの意味

　「プロジェクト関連契約」という用語は、広義には、プロジェクトに関連する一切の契約から融資関連契約を除いたもの、というほどの意味にて使用されるが、そのプロジェクトに

おいていかなる契約をプロジェクト関連契約として取り扱うかは、融資関連契約において定められる。これは、広義のプロジェクト関連契約と同じ意味であることもあるが、多くの場合は、プロジェクトに関連する、あらかじめ特定された複数の契約を総称している。このように、「プロジェクト関連契約」の内容を限定するのは、融資関連契約における「プロジェクト関連契約」に指定された場合、通常、主として以下のような取扱いを受けるためである。

① 貸付人の満足する内容による契約の締結が貸付実行前提条件とされる
② 契約上の債務不履行や解除事由の不発生が貸付実行前提条件とされる
③ 契約の適法性、有効性、履行強制可能性が表明保証事項とされる
④ 契約変更や解除について貸付人の承諾を要するものとされる
⑤ 契約上の重要な通知等が貸付人への通知事項とされる
⑥ 契約の終了が期限の利益喪失事由とされる
⑦ 契約上の債権が担保対象とされ、契約上の地位の譲渡予約がなされる(第2章3・46頁参照)

プロジェクトに関連する契約について以上のような制約を受けることは、プロジェクト会社の視点からは煩雑であるため、契約関係が多岐にわたるプロジェクトにおいては、スポンサーは、貸付人に対し、プロジェクト関連契約の範囲を可能な限り限定することを求めようとする。もちろん、貸付人における基

本的なスタンスは、プロジェクトに対する融資である以上は、プロジェクトの運営に必要な契約は全てプロジェクト関連契約に含めた上で管理の対象とすべき、ということになるであろう。もっとも、あまりに重要性が乏しかったり、微細な変更が当然に予定されたりするものなどについては、管理上の煩雑性に鑑み、プロジェクト関連契約からの除外に応じる余地がある場合もあるであろう。契約金額、存続期間、同等の経済条件による再締結の可能性等が考慮要素となるものと思われる。

(2) 担保対象とする場合としない場合について

上述のとおり、スポンサーからプロジェクト関連契約に指定する範囲を限定するよう求められた場合、貸付人としてはその許否を検討する必要がある。とりわけ、スポンサーからは、担保設定に係る契約相手方の承諾書の取得が困難又はそのための交渉が煩雑であるため、重要性の乏しい契約について、プロジェクト関連契約に含めることはかまわないが、承諾書取得を不要としたい、という要望が出ることもある（承諾書については第5章2(4)・166頁も参照のこと）。

その点、プロジェクト関連契約に指定したからといって、前記(1)の①から⑦までに掲げた内容の全てを一様に適用しなければならないというわけではない。簡単にいえば、①から⑥までは、プロジェクト関連契約の内容にコントロールを及ぼし、プロジェクトが事業計画どおりに進行することを確保するという意義を有する。これに対し、⑦は、担保取得の目的（第2章3・46頁参照）によることとなる。この観点からは、同じ「プ

ロジェクト関連契約」の中でも、担保対象たるプロジェクト関連契約とそれ以外のプロジェクト関連契約とを分けるという発想もあり得ることとなる。詳細については第5章2(2)・162頁を参照されたい。

3 プロジェクト関連契約のレビューと交渉を通じたリスク・コントロール

貸付人にとってのプロジェクト関連契約のレビューの意義は、プロジェクトに係るリスクを解消又は緩和し、キャッシュフロー・モデル（事業計画）実現の確実性をできる限り高めることにある。キャッシュフロー・モデル（事業計画）における将来キャッシュ・フローの予測値は、将来にわたり「動かない」ものと評価できる一定の前提事実（インプット値、諸元、パラメータ）なくしては算出し得ないためである。以下では、典型的なレビューのポイントを、実例を用いながら見ていきたい。

(1) プロジェクト関連契約のスコープとプロジェクト関係者の責任範囲

典型的なプロジェクトにおいては、プロジェクトの実施のみを役割とするSPCがプロジェクト会社として使用される。このようなプロジェクトにおけるプロジェクト会社は、以下のような特徴を有することが多い。
〈特徴1〉プロジェクト実施のためのSPCとして設立されたも

のであるため、単体にて判断・遂行できる業務内容は限られる。

〈特徴2〉プロジェクトの実施のために必要最小限のエクイティ資金のみが拠出されているため、資本金額は小さい。また、原則として、余剰キャッシュは全てスポンサーに支払われてしまい内部留保もないため、財務体質は脆弱であり、事業計画において支払うことが予定された以外の債務を弁済する能力は極めて乏しい。

a　業務のパススルー

〈特徴1〉に関して、貸付人におけるプロジェクト関連契約のレビューに際しては、プロジェクトにおいて借入人SPC自らが判断し、遂行することのできない業務が、<u>原則として全て、プロジェクト関連契約により、第三者に外注されているか</u>を確認する必要がある。これは、借入人SPCにおける業務の判断・遂行を補い、プロジェクトの実施を確保するため、というのが第一義的な理由であるが、キャッシュフロー・モデル（事業計画）実現の確実性をできる限り高めるという観点からは、当初締結されるプロジェクト関連契約における業務スコープから、プロジェクト運営上必要な業務が漏れているということは、当初締結されるプロジェクト関連契約における契約価格を固定化（後記第4章3(2)・86頁参照）しても、当該漏れている業務遂行のための外注に要する費用が後日発生し、事業計画における予測収支の達成を妨げる要因となり得るという点にも留意する必要がある。特定のプロジェクト関連契約のドラフトのレビュー

に際し、レンダー・カウンセルが、当該契約のスコープから除外することが明記された業務について、「いずれの契約に基づきどなたが実施する想定か」と問う場合があるが、これは、以上の点の確認を意図している。

なお、PFIプロジェクトにおいては、通常、事業契約における「建設業務」「維持管理業務」「運営業務」等の定義された業務そのものを特定の構成企業又は協力企業に外注する方法が採られるため、その場合には業務のパススルーの観点からの問題は生じにくいが、事業契約上の定義された一連の業務の一部が複数の当事者に分割して外注されている場合もあるため、注意を要する。これは、後記第4章3(1)c・84頁記載のインターフェース・リスクの問題である。

b　リスクのパススルー

〈特徴1〉及び〈特徴2〉双方に関連して、貸付人におけるプロジェクト関連契約のレビューに際しては、借入人SPCに生じるリスクについて、原則として全て、プロジェクト関連契約により、第三者が借入人SPCに対して責任を負う形となっているかを確認する必要がある。なぜならば、借入人SPCにはリスク発現時における損害を吸収できるだけの財務的余力がない上、借入人SPC自身は実質的な判断能力・業務遂行能力を欠くことが前提であるため、プロジェクト運営上の各種判断及び業務遂行は、外注先のうちの誰かが実質的に行っているはずであり、この者に責任を負わせるということに合理性があると考えられるためである。

少なくとも、借入人SPCが第三者（他のプロジェクト関係者を含む）に対して損害賠償義務を負う場面においては、借入人SPCは、当該損害賠償義務の基礎となった行為に関する業務を受託する当事者に対して同額の損害賠償請求を行い得るようになっている必要性が高い。もっとも、いずれの当事者にも帰責事由のない事項に関する損害についてまで、全て外注先にパススルーできるようになっていることはむしろまれであるといえる。一般論としては、契約相手方たる請負人が仕事を完成して引き渡す義務を負う請負契約においては、かかる事項についての責任を請負人に負わせるのが原則であり、相手方たる受任者が本人の事務を本人に代わって行う義務を負う委任又は準委任契約においては、かかる事項についての責任は本人たる借入人SPCにて負うのが原則であるともいわれるが、実務的には、各当事者が自らのビジネスとして業務を行っていることから、必ずしもかかる原則どおりにはなっていない。いずれの当事者にも帰責事由のない事項の典型例である不可抗力及び法令変更の場合について、第4章3⑹・105頁を参照されたい。

　以上に対し、サービス購入型のPFIにおいては、全てのリスクが外注先にパススルーされていることが通常であるといえる。サービス購入型のPFIでは極めて低いDSCR基準値をもってデット・サイジングが行われるため、わずかでも借入人SPCにおける追加的な損害や費用の負担が生じてしまうことは、許容できないことが多い。また、サービス購入型PFI事業の実態は、公共から借入人SPCの株主たる構成企業への業務の委託であるといえるから、借入人SPCは完全な導管体としてこれにリ

スクが残ることは想定されておらず、不可抗力・法令変更といった、通常であれば外注先に全てのリスクを負担させることが難しいものまで、かかる構成企業たる各外注先へのパススルーの対象とされる。例えば以下のような規定が置かれる。

〈文例1（サービス対価の減額に関する規定例）〉

　本件業務に関し、事業契約に基づき市から事業者に支払われるサービス購入料の額が減少した場合、当該減額部分のうち本件業務にかかる金額をＸ条における事業者から業務受託者に支払われる業務請負代金から減額する。

〈文例2（不可抗力・法令変更に関する規定例）〉

　業務受託者は、事業契約別紙Ｘに定める事業者の負担する不可抗力による損害、損失及び費用、又は、事業契約別紙Ｘに定める事業者の負担する法令変更による費用のうち、本件業務に関連して発生した損害等につきその責任を負い、かかる損害等につき事業者が負担したものとして事業者から支払請求を受けたときは、業務受託者は速やかに当該金額及び事業者に発生した費用相当額を事業者に支払う。

c　Single Point Responsibilityとバラコンの問題点

リスクのパススルーとの関係で、プロジェクト・ファイナン

スにおいては、Single Point Responsibilityの原則が存在するといわれる。例えば、EPC契約でいえば、施設等を完工できなかった原因が、設計、調達及び建設のどの段階にあったか明確ではない場合であっても、また、建設について複数の建設業者が関与する場合においてどの建設業者の責任であるかが明確ではない場合であっても、責任の所在をEPC企業に集約する(Single Point)ことで、完工できなかった場合の責任を誰にも追及できない事態を避けることができる。逆に、そのような集約がなされておらず、連続性のある業務を複数の者に請け負わせる場合(「バラコン」と呼称される)、誰にどれだけの責任を問うことができるかについて困難を強いられる可能性(「インターフェース・リスク」と呼称される)がある。洋上風力発電開発事業など専門性が高く単独の請負人が全ての工事のリスクを負担することが困難で複数の請負人と別々に契約することが一般的な事業もあるが、そのような場合、可能な限り、施工全体について責任を持つ者と契約(Construction Management契約)を締結し、調整を行わせる仕組みを構築することが望ましいといえる。

　なお、前述のとおり、PFIにおいては、業務ごとに外注先が分かれるのが通常であるが、以上の点に配慮し、これにより借入人SPCにリスクが生じない形となっている例がある。例えば、以下のような文例が見られる。

〈文例3〉
　前項の損害又は費用の賠償責任又は補償責任のうち、受

> 託者及び構成企業等の複数の責めに帰すべき事由により生じたと考えられるもの並びに受託者及び構成企業等のいずれの責めに帰すべき事由により生じたのかが明らかではないものについては、関連する全ての受託者及び構成企業等が協議の上、受託者及び各構成企業等の帰責事由の有無及びその寄与の割合を決定する。ただし、当該協議が速やかに整わない場合は、事業者が合理的な負担割合を速やかに決定し、受託者は当該決定に従うものとする。

(2) 金額を固定化する

キャッシュフロー・モデル（事業計画）実現の確実性をできる限り高める観点からは、プロジェクトに係る収入と支出を可能な限り確定することが望まれる。本項ではこの点について概観する。なお、契約当事者に債務不履行が発生したり、不可抗力や法令変更が発生したりした場合には、借入人SPCに損失（収入の減少や増加費用の負担）が発生することになるが、この点については、後記第4章3(6)・105頁以下を参照されたい。

a プロジェクト・コストの固定化

例えば、建設段階からファイナンスを付けるプロジェクトでは、プロジェクト・コストと調達資金とが釣り合ったものになっていないと、そもそもプロジェクトの運転開始に漕ぎつけることができないかもしれないから、プロジェクト・コストがいくらになるかを確定する必要がある。この観点から、EPC契

約は、フルターン・キーの契約であることが望ましいものとされる。一般に「フルターン・キー」(Full Turn Key) とは、直ちに運営可能な状態となるところまで必要な作業を全て完了させた状態で引き渡す条件をいうが、例えば、〈文例4〉のような条項は望ましいものといえる(もちろん、他の条件も確認する必要がある)。

〈文例4〉

　請負人が本契約に基づき発注者のために履行し、提供する工事は、本件プロジェクト関連施設の完成及び本件プロジェクトの実施及び遂行のために必要な、本件プロジェクト関連施設に係る調査、測量、設計、許認可の取得、資材調達(風力発電機計Ｘ基の設計、製作及び調達、風力発電機の基礎の設計及び施工並びに遠隔監視システムのネットワーク設計、構築及び施工を含む)、通関手続、保管、輸送、用地整備、土木工事、建設、使用前自主検査、使用前自主検査要領書の作成、完工認定試験、人員研修、検査、その他本件プロジェクトの実施及び遂行のために必要な一切の作業及びサービスとし、その詳細は別紙契約仕様書に記載される。

　これに対し、固定額でない費用が発注者の負担となっている場合には注意を要する。プロジェクト・コストとして予定された金額と実額とに齟齬が生じてしまい、予定された資金調達額では不足が生じるためである。そこで、プロジェクト関連契約

のレビューにおいて重要な視点は、**固定化されていない費用の負担はないか**、という点といえる。このような条件が発見された場合には、条件の変更に向けた交渉が必要となる。契約金額が自動的に増額されたり、請負人側が増額を請求できたりする条件を全て排除することができることが望ましいため、まずはそのような交渉から入ることでも良いであろうが、相手方のあることであり、対価との均衡もあるため、実際にそうするのは難しいのがむしろ通常であろう。その場合には、上記のようなリスクができる限り小さくなるよう必要な文言の調整を行うこととなる。

また、通常であれば請負人の負担となっているような作業に係る費用が契約金額に含まれていないような場合には、それらを契約金額に含めるよう交渉を求めることとなる。これに対し、工事の過程で必ず必要とまではいえないような作業に係る費用が契約金額に含まれないことは少なくない。

〈文例5〉

請負人が仕様書に別段の定めのない検査又は試験が必要と認められる場合にこれを行うときは、当該検査又は試験に要する費用及び特別に要する費用は、発注者の負担とする。

これは発電プロジェクトのEPC契約において時折見かける条件である。SPCによる負担自体は業界慣行でありやむを得ないと考えた場合、契約交渉としては、どのようなことが考えられ

るか。いずれも微細な修正であるが、実務的には以下に見るような工夫はしばしば見られる。

(a) **費用負担の発生原因となる追加作業の内容を発注者の承諾事項とする**

そもそも検査又は試験がどのような理由で必要になったのかによって発注者による負担に合理性があるかどうかが変わってくる可能性がある。そこで、発注者側にて都度判断できるよう、例えば以下のように修正することが考えられる。なお、貸付人として発注者による承認の合理性を確認したいという場合には、シニアローン契約上、発注者たる借入人SPCにおけるかかる承認の付与を、貸付人の承諾事項としておくことが考えられる。

〈文例5の修正案(a)〉
請負人が仕様書に別段の定めのない検査又は試験が必要と認められる場合において、事前に発注者の承認を得た上でこれを行うときは、当該検査又は試験に要する費用及び特別に要する費用は、発注者の負担とする。

(b) **発注者の費用負担額を限定する**

「合理性」の限定を付すことにより、内容や金額に疑義がある場合に、「合理性に疑義があるため負担しない」という形で内容の精査を求める基礎とすることもしばしば行われる。金額自体を合意事項とすることも考えられる（当該合意の内容について確認したい場合に、シニアローン契約上、借入人SPCによる当

該合意を貸付人承諾事項とすることが考えられる点は、前記(a)と同様である)。

〈文例5の修正案（b－1））〉

　請負人が仕様書に別段の定めのない検査又は試験が必要と認められる場合にこれを行うときは、当該検査又は試験に要する費用及び特別に要する費用は、<u>合理的な範囲で</u>発注者の負担とする。

〈文例5の修正案（b－2））〉

　請負人が仕様書に別段の定めのない検査又は試験が必要と認められる場合にこれを行うときは、当該検査又は試験に要する費用及び特別に要する費用は、<u>発注者及び請負人があらかじめ合意した範囲内において、</u>発注者の負担とする。

b　収入の固定化

　運転開始後についていえば、まず収入面について、その源泉となるべき契約が、キャッシュフロー・モデル（事業計画）において予定された期間にわたり、予定された収入が確保できる内容を備えているかを確認する必要がある。この点については、借入人SPCの収入のうち、何が貸付人における貸付資金の返済の、換言すれば、デット・サイジングにおけるCFADSの

源泉となっているかを意識する必要がある（コラム①23頁参照）。例えば、PFIのうち、いわゆる箱モノPFIにおいては、施設整備費見合いのサービス対価により貸付金が返済されることが企図されるのが通常であり、そのような仕組みの下では、当該サービス対価の支払が確定しているか、変動要因がないかを見ていくことが必須である反面、施設の運営・維持管理費見合いのサービス対価が改定又は減額されることは、許容できる（それにより、施設整備費見合いのサービス対価を原資とするCFADSに影響が生じる場面がないかを検討し、それに対応できれば足りる）のが通常である。マーケット・リスクを伴う要素のあるプロジェクトであっても、オフテイカーの引取数量にかかわらず、オフテイカーが必ず一定額をプロジェクト会社に支払う（Take or PayやTake and Pay）契約となっており、当該一定額のみをCFADSに見込む計画となっているのであれば、プロジェクト・ファイナンスとの関係では必要な収入の固定がなされていると評価できるであろう。

　発電プロジェクトにおいては、発電電力をいつ、どれだけ、いくらで売却できるかが重要となる。この点、再エネ特措法に基づく固定価格買取制度の利用を前提としたプロジェクトにおいては、制度上、買取りを義務付けられた主体による、確定された期間（調達期間）にわたる固定価格（調達価格）による電力の買取りが確約されていたため、この点が論点になることはなかった。これに対し、固定価格買取制度のような制度的な裏付けがないプロジェクト（再生可能エネルギー発電プロジェクトについて、固定価格買取制度によらないいわゆるコーポレートPPA

を含む）においては、プロジェクト関連契約のレビューにおいて、必要な量の買取りが保証され、買取価格が固定されており、プロジェクト期間中変更されることがないことを確認する必要性が高い。長期固定の電力受給契約のない、いわゆるマーチャント案件においては、電力の卸売市場価格を相応の確度をもって予測できる必要があるところ、そのような予測は現段階では難しいことから、かかる案件に対するプロジェクト・ファイナンスの組成は容易ではない。

また、収入固定化を前提とするプロジェクト関連契約のレビューに際しては、契約期間中において固定された金額が変動するような仕組みがないかを確認し、そのようなものがあれば排除を求め、あるいは変動の条件や変動幅等をコントロールできるよう条件交渉を行い、また、シニアローン契約やキャッシュフロー・モデル上の対策を検討することになるものと思われる。

c　営業費用の固定化

営業費用（プロジェクトによって呼称は様々だが、プロジェクトを維持管理・運営していく上で必要な費用である）は、CFADSにおける控除項目となる。融資に係る元利金等の支払よりも先に営業費用を支払うこととしなければ、プロジェクトの運営を前提とするかかる元利金等の支払も継続できないためである。営業費用として何が必要かはプロジェクトによって異なる。地権者に対して支払う地代・賃料や、O&M企業に支払う運転・維持管理に係る業務委託料が典型であるが、例えばバイオマス

発電プロジェクトでいえば、燃料や重油、珪砂の供給に係る費用、燃えがらの運搬・処分に係る費用などが含まれる。かかる営業費用についても、キャッシュフロー・モデルの予測値を実現するために、可能な限り固定し、変動要素は排除することが望ましい。しかしながら、営業費用に係る契約金額や価格を固定することは、業務委託先や調達先にそれら原材料費や人件費等のコストの上昇リスクを完全に転嫁することになるから、20年などの長期にわたるプロジェクトにおいて、営業費用に係る契約金額や価格を全期間にわたり固定することは、建設費を固定することよりもより難しい場合が少なくない。

例えば、以下のような類の文言が入ることがある。文例6(a)は業務受託者における変更請求を認めているため、要件を満たす限り、業務委託者(借入人SPC)は変更に応じる義務があると解されるが、文例6(b)の場合、最終的には、事実上変更に応じることになるとしても、協議及び合意のプロセスが介在しており、業務委託者は直ちに変更に応じる義務を負うものではない。したがって、文例6(b)の方がプロジェクト・ファイナンスの観点からはより望ましいといえる。

〈文例6(a)〉

　本業務の内容に変更があった場合、又は業務委託者及び業務受託者のいずれもが予測ができない程度に物価その他の経済事情の著しい変動、法令の改廃その他の社会事情の変化が生じた場合は、本契約期間中といえども<u>業務受託者は業務委託者に対し、業務委託料の変更を請求することが</u>

できる。

〈文例6(b)〉
　本業務の内容に変更があった場合、又は業務委託者及び業務受託者のいずれもが予測ができない程度に物価その他の経済事情の著しい変動、法令の改廃その他の社会事情の変化が生じた場合は、本契約期間中といえども業務委託者及び業務受託者の協議及び合意により、業務委託料を変更することができる。

　また、固定化された費用が物価変動に伴い変更される形となっている例（エスカレーション（Escalation）条項。スライド条項ともいわれる）も見られる。例えば、海外の風車メーカーとの間で締結される風車のメンテナンス契約におけるエスカレーション条項が一例である。貸付人としては可能な限り排除したい条件ではあるが、そうすることができない場合もあり、その場合、後記第4章4(5)・121頁にて詳述する、キャッシュ・フローの調整メカニズムにより解決することを模索することになると思われる。

〈文例7〉
　契約金額及び解除時支払額は、本契約締結日の初日から、その後各年の1月1日（以下「基準日」という）に毎年、(i)Xパーセントの年平均増額分、又は(ii)別紙Xに従っ

> た増額のうちいずれか大きい金額の分だけ増額調整される。

　このほか、レビュー対象であるプロジェクト関連契約において特定の費用が固定価格に含まれないことが明記されている場合がある。

〈文例8〉

　本業務に関連して発生する費用は、別途本契約に定めのない限り、業務受託者の負担とする。ただし、以下に定める費用は業務委託報酬には含まれず、業務委託者の負担とする。

(1)　本設備に係る固定資産税・都市計画税等の公租公課
(2)　本設備に係る火災保険料等の損害保険
(3)　近隣対策に関する費用
(4)　本設備に係る水道光熱費
(5)　本設備の修繕等に要する費用（ただし、○条○項に基づく修繕等並びに予備部品及び消耗品の交換又は補充に必要な費用を除く）
(6)　……

　この場合、当該プロジェクト関連契約における固定化の交渉が難しければ、他のプロジェクト関連契約において当該費用が固定価格に含まれているかを確認することが求められることとなる。全体としての営業費用の固定化がここでの目的であるためである（これは、前記第4章3(1)a・81頁「業務のパススルー」

の要請である)。そのため、プロジェクト関連契約は、それぞれ単独でレビューをするのみならず、横断的な視点をもって行う必要がある。

　もっとも、例えば、O&M契約において、計画外の修繕費については、必要になるか、いつ必要になるかも明らかでないため、固定価格の対象外とされている例が少なくない。このような場合には、必要性や費用の合理性について委託者である借入人SPCが判断できる仕組みが必要となろう。あわせて、委託者である借入人SPCによる承認をシニアローン契約上の貸付人承諾事項とすることや、事業計画における「予備費」の設定(第4章4(3)・119頁)に際し、考慮することが必要となろう。

　以上に対し、次のように対象となる費用が特定されない形となると、このようなアプローチを取ることができないため、文言の調整を求める必要性が高いと思われる。

〈文例9〉
　業務受託者は、本契約に別段の定めがない限り、本業務の履行に必要となる費用の一切を負担するものとする。ただし、業務受託者が業務委託者の事前の書面による承諾を得た費用、並びに本業務の内容及び本業務委託料の額に照らして業務受託者が負担することが相当でないと合理的に認められる費用についてはこの限りでない。

(3) 完工・引渡し期限を明記する

　プロジェクト・ファイナンスにおいては、キャッシュフロー・モデル（事業計画）どおりにプロジェクトが進行することを前提としてその融資可能額及び返済プロファイルが決定される。したがって、仮に、事業計画上予定された時期までに施設が完工せず、又はプロジェクト会社への引渡しがなされず、運営開始のタイミングが遅延したとすれば、それだけ、キャッシュ・フローの発生時期が遅れ、予定された元利金返済に悪影響を生じる可能性がある。そこで、EPC契約においては、完工期限を明記し（date certainといわれる）、遅延が発生した場合には、遅延の期間に応じてEPC企業における損害賠償義務（第4章3(5)・103頁参照）が発生するようになっている必要がある。通常、EPC契約における完工・引渡期限が一定程度遅延しても、シニアローン契約上は、EPC企業における損害賠償又は操業開始遅延保険によりプロジェクトの運営を継続できる範囲内では、許容される形となっている。他方で、それらをもってしてもプロジェクトの運営が不可能となるタイミングは、シニアローン契約上の期限の利益喪失事由とされ、これを、ロング・ストップ・デイト（Long Stop Date）と呼んでいる。

〈文例10〉
　受注者は、本契約に定める条件に従い、本工事をフルターン・キーで実施及び完成し、引渡期日までに本契約に

> 定める本工事の目的物を発注者に引き渡すものとする。

(4) 融資期間以上の存続期間を確保する

a 契約の存続期間
(a) オフテイク契約・業務委託契約

　キャッシュフロー・モデル（事業計画）実現の確実性をできる限り高めるためには、収入及び支出を可能な限り固定化する必要がある。しかしながら、いかにかかる固定化に成功したとしても、根拠となる契約自体が融資期間中に終了してしまった場合には、代替の契約を締結できても、そこで合意できる契約金額は、従前、キャッシュフロー・モデル（事業計画）において前提としていた金額とは異なることになる場合が多いものと思われる。したがって、収入の源泉となる契約、及び、プロジェクトの維持管理・運営に必要な契約については、融資期間以上の契約期間が確保されていることが大原則となる。

　仮に、これらの契約が融資期間全体をカバーできないこととなる場合、貸付人としては、契約期間満了後の当該契約に係る収入や費用が固定化されていないことを前提としてプロジェクトを評価せざるを得ない。そこでは、原則として、代替契約を締結した場合にどの程度の収入が得られるか、どの程度の費用の増加があり得るかということについて一定の予測が立つことが必要となり、それが（いくらかのバッファをもってしても）できればよいが、難しい場合には、ストラクチャリング上の対策を検討することになると思われる。例えば、契約期間満了前の

一定の時点から、契約更新又は代替契約の締結に向けた検討を開始させ、ある時点までにそれがうまく行く確証が得られなければ、余剰キャッシュからのキャッシュ・シェアリングやキャッシュ・スウィープを行わせることなどである。こうした工夫によってキャッシュフロー・モデル（事業計画）上元利金全額の回収を見込むことができれば、ファイナンスはなお可能となる余地がある。

　逆にいえば、代替性が高く、締結し直すことによる収支への影響が僅少であると認められる契約（弁護士等の専門家との定型的な契約等）については、都度の契約としても問題はないと考えられる場合も少なくない。

(b)　**土地の利用契約**

　キャッシュフロー・モデル（事業計画）実現の確実性をできる限り高めるために、融資期間以上の期間にわたる土地利用権原の取得は必須である。これは、前記第4章3(2)c・92頁と同様に、賃料等の土地利用に関する費用を固定化するという観点からも重要であるが、より根本的な問題として、土地利用権原が失われてしまえば、せっかく建設したプロジェクト施設を撤去し、プロジェクトを終了させなければならないこととなるためである。このため、地上権設定契約、賃貸借契約等の土地利用権設定契約のレビューにおいては、この点の確認が極めて重要となる。例えば、以下のような内容では、プロジェクト・ファイナンスの観点からは十分でないこととなる。更新条項があっても、「当事者の一方」、すなわち賃貸人からの申出によって更新がなされないことがあるためである。なお、賃借人の側

のみから更新の拒絶を行い得る形であれば、シニアローン契約上更新を義務付ければよいから、特に問題はない。

> 〈文例11〉
> 1　本賃貸借の期間は、[x] 年〇月〇日から [x + 1] 年〇月〇日までとする。
> 2　賃貸期間満了までに<u>当事者の一方から申出がないときは、</u>本契約は更に1年間延長する。

b　占用許可等

土地の利用権の存続期間に関してしばしば問題になるのは、プロジェクト用地を国又は地方公共団体が保有している場合である。これについては、後記第4章4(8)・125頁を参照のこと。

c　解除条項

融資期間以上の存続期間が確保されていたとしても、契約には解除事由が定められているのが通常であり、また、かかる解除事由の定めがなくとも、相手方の債務不履行に基づく民法に基づく契約解除は可能である。これらによる解除がなされてしまえば、プロジェクトは、やはり中途にて頓挫してしまい、元利金の支払は確保されないこととなる可能性がある。そこで、貸付人においては、可能な限り、解除を制限することを志向する。例えば、以下のような文言にて合意できれば、貸付人としては、当事者が解除を行おうとする都度、その適否について検

討し、承諾の有無を決することが可能である。

> 〈文例12〉
> 　前各項の規定にかかわらず、賃貸人は、貸付人による事前の書面による承諾なく、本契約を解除又は解約することはできない。

しかしながら、このような内容にて合意できることは多くはない。契約の一方当事者による任意の解約についてはこのような内容にて合意できるよう交渉を行うべきであると思われる一方、解除事由は、契約の相手方として契約を継続し難い事由を規定したものであり、かかる契約の相手方からすれば、貸付人が承諾しなければ解除できないことに合理性はない、というわけである。この場合における解除制限条項としてしばしば見られるのが以下のような規定である。

> 〈文例13〉
> 　本契約の他の規定にかかわらず、賃貸人は、本条の規定によると否とを問わず本契約を解除しようとする場合、X日以上前にその旨及び解除の根拠となる事由を貸付人に対して書面により通知し、その後の対応について貸付人との間で誠実に協議を行うものとし、当該期間の経過後においてもかかる協議が整わず、かつ、当該事由が治癒されない場合に限り、本契約を解除することができるものとする。当該期間中に、貸付人が、賃貸人の合理的に満足する内容

及び形式にて当該解除事由を賃借人に代わって是正することを提案したときは、賃貸人は、これを不合理に拒絶しないものとし、当該期間中に貸付人による当該是正措置が講じられ、又は当該是正措置について賃貸人と合意に至った場合には、当該解除事由は治癒され、以後、再度当該解除事由に該当するに至った場合でない限り、賃貸人は当該解除事由に基づき、本契約を解除することはできないものとする。

これは、貸付人に対し、解除の原因となった事由を、貸付人の主導にて治癒する機会を付与する趣旨の規定である。プロジェクトにとって重要な契約において、解除事由が発生しているという事態は、契約相手方のみならず、明らかに、プロジェクトにとっても好ましくない。そして、治癒の機会が与えられ、提案された治癒の内容が契約相手方にとって合理的である限りにおいて解除が制限されるという内容であれば、契約相手方の了解も得やすいものと考えられる。

以上に対し、特殊な例として、サービス購入型のPFIにおける事業契約のように、解除がなされた場合にも、キャッシュフロー・モデル（事業計画）上元利払いの源泉とした収入（施設整備費相当額のサービス対価）の全額の支払が確保される場合もある。このことに依拠してプロジェクト・ファイナンスを組成するケースでは、公共からの支払の時期の問題はあるものの、債権回収額の確保の観点からは、解除時に支払われるものと見込んでいる金額の全額が支払われないケースがないか（支払の

要件、相殺等）を確認する、というのが、かかる契約をレビューする上での重要な視点となる。なお、サービス購入型のPFIにおいては、事業契約が解除されても施設整備費相当額のサービス対価の全額が支払われる形となっているのが通常だが、その場合にも、シニアローン契約上の期限の利益喪失に伴い、直ちに一括してかかる支払がなされるようになっているわけではなく、公共側の予算取りの観点から、支払時期については公共側に委ねられていることが一般的である点に留意が必要である。

(5) 損害賠償による補塡

a 「損害賠償額の予定」（LD）とは

プロジェクト関連契約によるリスクの分担や契約条項の作り込みは契約相手方における契約条項の遵守を前提としている。しかしながら、契約条項が遵守されない場合も想定しなければならず、その場合には、契約相手方に対して損害賠償請求を行うこととなる。したがって、請求し得る損害賠償の範囲が不合理に限定されていないかについては注意深くレビューを行い、必要に応じて交渉することが求められる。

もっとも、単に「借入人SPCに発生した損害を賠償する」とのみ規定した場合、現に損害が発生し、その損害額がいくらになるかを確定する必要があるところ、この確定は容易ではなく、特に裁判になったような場合には、その確定までに長期間を要する可能性が高い。したがって、とりわけ、プロジェクト関連契約の条項の中でも不履行がプロジェクトのキャッシュ・フローに直接的かつ重大な影響を及ぼすものについては、この

ような事態に対応するため、「損害賠償額の予定」(Liquidated Damages (LD))が用いられる。損害賠償額の予定とは、実際に発生した損害の有無及び金額にかかわらず、あらかじめ合意された額をもって賠償すべき損害額とする旨の合意をいう（民法420条）。これにより、実際に発生した損害額を確定しなくとも、契約相手方をして、あらかじめ合意された金額を支払わせることができる。最も典型的なのは工事目的物の引渡し等に係る遅延損害金であり、ほかに、例えば火力発電設備における性能保証や、風力発電設備におけるパワーカーブ保証あるいは騒音保証も典型例といえる。以下は前者の文例である。

〈文例14〉
　請負人が、本施設完工を完工予定日までに達成できなかった場合、発注者は、請負人に対し、1日遅れるごとに契約価格に0.04％を乗じた金額の予定損害賠償額の支払を請求することができる。

b　LDの意義

あらかじめ合意された金額が支払われることの意味は大きい。プロジェクト・ファイナンスにおいてはキャッシュフロー・モデル（事業計画）における予測収支がどの程度の確度をもって実現されるかが最も重要であるところ、あるリスクが発生しても、それを補塡するLDが支払われることが確実といえる範囲内においては、その金額を予測収支の算出において見

込むことができるためである。

(6) 不可抗力と法令変更

　不可抗力をどのように定義するかは案件ごとに、また、プロジェクトの種類や対象となるプロジェクト関連契約の性質によっても異なるが、いずれの当事者の帰責事由にもよらず、かつ、当事者のコントロールの及ばない人為的・自然的な事象を指す、というところまではおおむね共通するものといえよう。不可抗力や法令変更が発生した場合、それにより影響を受ける当事者においては義務の履行を免れること、一定期間事象が解消されない場合にはいずれかの当事者において契約を解除することができることなどが規定されることが多い。不可抗力・法令変更のリスクは、当事者の誰にも帰すことのできない事由であり、また、その定義上、契約締結時には予見できず、又は対処できないものであるため、これらのリスクを完全に排除することは困難である。そのため、貸付人としても、保険の付保（第4章4(2)・118頁）やリザーブの設定（第4章4(4)・120頁）により可能な限りその影響を緩和する方策を求めつつ、以下のような論点においては、積極的に意見を述べていく必要がある。

a　不可抗力・法令変更の定義

　プロジェクト会社が注文者となる請負契約や、業務委託者となる業務委託契約において、請負人や業務受託者が契約上の義務の履行責任を免れてしまっては、プロジェクトに支障を生じてしまうため、プロジェクト会社や貸付人としては、不可抗

力・法令変更の範囲を可能な限り限定することを志向する。また、借入人SPCがオフテイカーに対する一定の供給義務を負担するプロジェクトにおいては、借入人SPCがオフテイカーに対する供給義務を負い続ける中、請負人や業務受託者が免責を受けてしまうことを避けるため、借入人SPCとオフテイカーとの間の契約及び借入人SPCとそれら請負人や業務受託者との間の契約それぞれにおける不可抗力・法令違反の定義を一致させる必要性が高い。他方で、これら請負人や業務受託者にとっては、業務遂行が困難、あるいは当初想定した採算を取れない可能性のある状況下において、そのまま業務を継続することを強いられ、そうしないと債務不履行責任を負うというのは厳しい。このように、どのような事象が不可抗力・法令変更として免責の対象となるかについては峻烈な利害の対立があり得、この点は、しばしばプロジェクト関連契約における重要な交渉ポイントとなる。例えば、以下のような点について議論がなされる。

① 不可抗力・法令変更に該当する事由を限定列挙とするか、例示列挙とするか

② 契約締結時不可抗力に該当するかもしれない一定の社会的事象(パンデミックや法改正の動向)が存在する場合に、それについて不可抗力・法令変更として免責の余地を残すか、請負又は業務受託に際して「織り込み済み」のリスクとして明示的にその対象外とするか

③ 請負人や業務受託者に関連する当事者のうち、どこまでの範囲の者(例えば、資材の供給者等)に事由が発生した場合

を不可抗力・法令変更として取り扱うか

b　増加費用の負担者

　不可抗力・法令変更により一方の当事者が契約上の義務の履行を免れた場合、その業務を、長期にわたり誰も遂行することができないのであれば、プロジェクト自体を中止せざるを得ない場合もあるであろう。一般的にはそのようなことはなく、一定期間経過後にプロジェクトは再開することになると思われる。この場合、これに伴う増加費用を誰が負担するか、という問題が発生する。もちろん、保険によりカバーできる限度では、それが望ましいといえるが（後記第 4 章 4⑵・118頁を参照）、そうでない部分について、PFIの事業契約においては、公共工事標準請負契約約款の例に倣い、あらかじめ負担割合（不可抗力の場合、サービス対価の100分の 1 までを事業者負担とし、これを超える部分を公共とするなど）を定めるのが通例となっているが、それ以外のプロジェクトにおいては、その時点における交渉に委ねている例も少なくない。民法の原則によれば、請負契約では、請負人は仕事の完成を引き受けている以上、これに要する費用を負担すべきであり、不可抗力・法令変更による増加費用についても基本的には請負人が負担すべきであるのに対し、委任契約では、事務処理行為そのものが重要であることから同様には考えられず、むしろ、委任者が増加費用を負担すべきであるというのが一応の原則ともいわれるが、そのような合意が一般的とまではいえないように思われる。

⑺ プロジェクト・ファイナンス条項

プロジェクト・ファイナンスの観点から、プロジェクト関連契約に一般的に規定することを求める条項のセットがあり、これを一般に「プロジェクト・ファイナンス条項」という。案件により一定のバリエーションはあるものの、典型的なものとして以下のものが挙げられる。

a 倒産不申立て

〈文例15〉

業務受託者は、業務委託者が融資金融機関に負っている一切の債務が全て返済された日から1年と1日が経過するまで、業務委託者に対し、破産、民事再生又はこれらに類する倒産手続の開始の申立てを行ってはならないものとし、かかる申立てを行う権利を放棄する。

借入人SPCに法的倒産手続(主として破産手続、民事再生手続及び会社更生手続)が開始されてしまうと、プロジェクト・ファイナンスのストラクチャリングにおいて予定した仕組みが正しく機能しない可能性が高い。例えば、シニアローン契約上の資金管理規定(第2章2⑶・41頁)にもかかわらず、貸付人の債権を含めた借入人SPCに対する債権は同順位、かつ、債権額に応じた按分により弁済されるのが原則となる。また、破産手続の場合にはそもそも借入人SPCが清算され、プロジェクトが終

了してしまうおそれもある。

　もちろん、貸付人はプロジェクトに関する全ての資産について担保権を有しているため、それを実行することにより、プロジェクトを継続することが企図されている（第2章3・46頁参照）ところではある。しかしながら、例えば許認可等を移転することも含め、それには大変な労力を要するものと思われる。このため、可能な限り、借入人SPCの社員持分や株式等の出資持分に設定された担保権を実行する方法によるStep Inを達成する観点から、やはり借入人SPCにおける法的倒産手続の開始はできる限り回避したい。

　したがって、可能な限りプロジェクトに関与する全ての当事者から上記のような倒産不申立ての誓約を受けることができるようにしておきたい。これは、多くの場合、プロジェクト関連契約における契約相手方の借入人SPCに対する誓約として規定されるが、自己破産又は準自己破産（法人自体がその意思決定に基づき自己破産を申し立てるのではなく、個々の取締役や業務執行社員等の法律に定められた者が、その地位自体に基づき法人について破産手続を申し立てることをいう）を申し立てることができる借入人SPCの取締役や業務執行社員等からは、貸付人宛に倒産不申立誓約書を提出させることも広く行われている。

コラム⑤

なぜ「1年と1日」か

倒産不申立ての期限設定は、貸付人に対する債務の返済がな

された後に借入人SPCについて法的倒産手続が開始される結果、貸付人に対する返済自体につき否認権（法的倒産手続に入った債務者が手続開始前の一定の時期に行った、債権者を害し、又は債権者の平等に反する行為を、破産管財人等の法的倒産手続の主体が裁判手続により失効させることのできる権利をいい、ここでは、特定の債権者のみに対する債務の消滅に関する行為についての否認権（破産法162条、民事再生法127条の3、会社更生法86条の3）の行使（偏頗行為否認）が問題となる）が行使される可能性に配慮してなされる。ここで返済から「1年と1日が経過するまで」とされているのは、法的倒産手続が申し立てられた時点から手続申立前1年以内に借入人SPCにおける「支払停止」（弁済能力を欠くために履行期の到来した債務を一般的かつ継続的に弁済することができない旨を外部に表明する債務者の行為をいう）があったと認定された場合、それ以降の行為については、当該支払停止から、偏頗行為否認の要件であり、かつ、支払停止よりも主張・立証が困難と目される、支払不能の存在が推定される（破産法162条3項、民事再生法127条の3第3項、会社更生法86条の3第3項）ことなどから、偏頗行為否認がなされる可能性が相対的に高い（逆にいえば、1年と1日目以降であれば、偏頗行為否認がなされる可能性は相対的に低い）ためである。

コラム⑥

倒産不申立誓約の限界

本文記載のとおり、プロジェクト・ファイナンスにおいて、プロジェクトに関与する各当事者に、借入人SPCについて倒産手続の申立てを行わず、かかる申立てを行う権利を放棄する旨の条項への同意を求めることは極めて一般的である。しかしな

がら、借入人SPC自身やその役員においては、借入人SPCにおける信用悪化時には借入人SPCに対する各債権者を公平に取り扱うべきであり、これらの者に独自の倒産手続の申立権が認められているのはそのためなのであるから、一部の債権者のみとの合意により、かかる権限を行使できなくなるような合意をすることは許容されない、という見解も有力である。そのため、一般に、債権者による倒産不申立ての誓約は有効であるが、それ以外の者（借入人SPC自身やその役員）による倒産不申立ての誓約の有効性には疑義があるものと考えられている。

b　強制執行等の禁止

〈文例16〉

　業務受託者は、本貸付義務が全て終了し、かつ、業務委託者が融資金融機関に負っている一切の債務が全て返済されるまで、業務委託者の財産に関して、強制執行、仮差押え、仮処分若しくは仮執行、担保権の実行又は競売を行ってはならず、かかる強制執行、仮差押え、仮処分及び仮執行、担保権の実行並びに競売を申し立てる権利を放棄する。

　借入人SPCの資産について強制執行等がなされると、当該資産についての借入人SPCによるコントロールが制約を受ける可能性があるため、これを避けるために規定されるものである。貸付人においては、基本的に借入人SPCの全資産につき対抗力のある担保権を有しているはずであり（第2章3・46頁参照）、強制執行等がなされても、最終的には当該資産のプロジェクトからの逸出を免れることが多いと思われるが、資金管理規定を

含め注意深くストラクチャリングされたプロジェクト・ファイナンスの仕組みに矛盾し、また、現実的にもそのためにプロジェクト・ファイナンスに係る期限の利益を喪失させ、担保権を実行する等の対策を強いられるというのは合理的でないため、これらの行為は禁止する必要がある。

c　責任財産限定特約

> 〈文例17〉
>
> 　業務委託者が、本契約に関連して業務受託者に対して負担する一切の債務の支払は、業務委託者の有する現金及び預金その他業務委託者が有する一切の財産（以下「本責任財産」という）のみを引当とし、本責任財産以外の資産はその引当とならない。本責任財産の価額が本契約に基づき業務委託者が業務受託者に対して負担する債務の額に不足する場合には、当該不足額について業務受託者はその債権を放棄したものとみなされる。

　責任財産限定特約は、責任財産として合意された資産以外の資産に対する強制執行等を行わない旨の合意であると理解されている。特別な理由により特定の資産に責任財産が限定される例もあるが、プロジェクト・ファイナンスにおいて一般的に使用される責任財産限定特約における責任財産は、借入人SPCの全ての財産とされる。これには、①スポンサーにとっては、スポンサーにおいて自らの資産をもってプロジェクト関連契約上

の債務を履行することを要しないという点（ノンリコース性）を確認する意味があるとともに、②貸付人にとっては、プロジェクトに関する全ての債権者から同様の同意を取り付けることにより、理論的に、借入人SPCが、法的倒産手続の原因となる債務超過状態に陥ることを回避することができるという点に意味があると考えられている。

d　相殺禁止

〈文例18〉
　業務受託者は、業務受託者が業務委託者に対して負担する一切の債務を、業務受託者が業務委託者に対して有する債権をもって相殺することはできないものとする。

　一般に、相互に対立する同種の債権を相殺により決済することは合理的だが、プロジェクト・ファイナンスにおいては、事業計画及び資金管理規定により、キャッシュイン及びキャッシュアウトを個別に予測し、管理することが重要である。相殺を認めてしまうと、例えば、予測されたキャッシュインは減少してしまう反面、その対象となった借入人SPCの債務の履行は、資金管理規定において予定された順位にかかわらず、最上位にてなされたのと同じこととなる。このため、相殺についても禁止することが必要と考えられている。

e　留置権等の放棄

〈文例19〉
　業務受託者は、本契約について、あらかじめ民法295条に基づく留置権、民法311条に基づく動産の先取特権、商法521条に基づく留置権その他の法定担保権、及び民法533条に基づく同時履行の抗弁権を放棄する。

　留置権とは、他人の物を占有している者が、その物に関して生じた債権を有するときに、その債権の弁済を受けるまで、その物を自らのもとに留め置く権利を、先取特権とは、一定の政策的配慮から、ある種の債権者に認められた、債務者の一定の財産から他の債権者に優先して自己の債権を回収する権利をいう。同時履行の抗弁権とは、契約当事者が、対価関係があり、弁済期を同じくする債務を負う場合に、相手方の債務の履行の提供がなされるまで自己の債務の履行を拒むことができる権利である。これらの権利が行使された場合、借入人SPCにおいては、これらの権利主張の対象となった資産の引渡しを受けて使用することができないか（留置権又は先取特権の場合）、プロジェクトを前に進めるために、これらの権利により保護されるべき債権に係る債務を、他の債務に先立って弁済しなければならないかのいずれかの影響を受けることになることから、プロジェクト・ファイナンスの観点から許容し難い。もっとも、これらの権利は当事者間の衡平のために法律上認められたものであるため、プロジェクト関連契約の相手方当事者の理解を得る

ことは容易でない場合も少なくない。

f 解除権の制限

解除制限条項もプロジェクト・ファイナンス条項の一つに数えられる場合がある。これについては、前記第4章3⑷c・100頁を参照のこと。

g 譲渡等禁止の例外

第2章3・46頁に記載したとおり、主要なプロジェクト関連契約に関しては、それに基づく債権に対する質権の設定及びその契約上の地位の譲渡予約が求められることとなる。プロジェクト関連契約においては、原則として契約上の債権の質入れ等が禁止されている場合が多いため、貸付人に対する担保設定等をあらかじめ承認する旨の、次のような規定が置かれることも多い。

〈文例20〉

　前項の定めにかかわらず、業務受託者は、(i)業務委託者が業務受託者に対して有する本契約に基づく一切の債権又は契約上の地位に対し、融資金融機関のために、契約上の地位譲渡予約に係る予約完結権又は質権若しくは譲渡担保権（根質権又は根譲渡担保権を含み、以下「担保権等」という）を設定すること、(ii)被担保債権の譲渡に伴い当該予約完結権又は担保権等が移転すること、及び(iii)当該担保権等の実行（任意売却を含む。以下同じ）若しくは予約完結権の

> 行使により業務委託者の本契約上の地位又はこれに基づく権利義務の全部又は一部が承継されることについて、本契約をもってあらかじめ承諾する。また、業務受託者は、当該予約完結権又は担保権等の対抗要件具備及び当該担保権等の実行及び行使について必要な手続（承諾書面の作成を含むが、これらに限られない）に協力するものとする。

4　その他のリスク解消・緩和策

以下では、プロジェクト関連契約のレビュー及び交渉を通じたリスク緩和・解消策以外の方法による、プロジェクトに関するリスクの緩和措置を見ていきたい。

(1) 蓋然性評価と感応度分析

そもそも、プロジェクト・ファイナンスは一定のプロジェクトに対する融資であるところ、リスクの全くないプロジェクトというのは存在しない。例えば、太陽光発電プロジェクトにおいて十分な日照が得られない結果として、あるいは風力発電プロジェクトにおいて風況が芳しくない結果として、予測された発電量が得られないことはあり得る。また、空港コンセッション事業において、離発着数が伸び悩む結果として収入が予測を下回るということはあり得る。こういったリスクについては、他のプロジェクト関係者にリスクを負担させることは難しいか、そもそも適切でない。

このようなリスクについては、まずはその発生の蓋然性と範囲についての精査（デューディリジェンス）がなされ、通常、その作業は、専門家レポートの取得を通じてなされる。太陽光発電プロジェクトにおいては、日射量や発電量のレポートが利用される。風力発電プロジェクトについても、風況調査がなされそれに基づき風況レポートが作成される。空港コンセッション事業においても、コンサルタントによる旅客数や単価の予測の分析がなされる。貸付人においては、これらのレポートを分析し、不明点について質問し回答を得ることを通じてリスクの程度や範囲を検討し、キャッシュフロー・モデル策定の基礎とすることとなる。

　もちろん、専門家による分析といっても、そこで述べられる内容は、合理的な推測となり、断定的なものではあり得ない。したがって、リスク発生の蓋然性と範囲との相関関係に応じた複数のシナリオによる感応度分析（キャッシュフロー・モデルにおける主要な諸元を変動させた場合に、モデルにどのような影響が生じるかの分析）が必須となる。典型的な例として、太陽光発電プロジェクトや風力発電プロジェクトにおいては、超過確率P（Percentile）値（その確率で達成可能と見込まれる数値）を用いた評価がなされ、それに応じた感応度分析がなされる。具体的には、P-50による発電量をベース・ケースとし、P-99による発電量をストレス・ケースとする、などである。貸付人としては、ストレス・ケース下でも元利払いがなされることを確認できる必要がある。

(2) 保険の活用

　プロジェクト・ファイナンスにおいては様々な保険が利用される。典型的なものとしては、工事組立保険、操業開始遅延保険、財産包括保険、第三者賠償保険、地震保険などが挙げられる。保険を利用すれば、保険料を予測支出額に盛り込むことにより、リスクイベント発生時に保険会社から保険金が支払われ、これにより発生した損害を塡補することができる。

　ところで、貸付人においては、高額の保険料を支払ってでも、手厚い保険の付保を求める態度を取ることとなる。なぜならば、プロジェクト・ファイナンスにおけるデット・サイジングの手法（第1章4・19頁以下参照）の下では、保険料はCFADSに含まれるため、計画DSCR水準を所与とすれば、保険料が多大であっても、このことは貸出可能額を縮減させるにすぎないためである。これに対し、スポンサーにとって、保険事故発生リスクを保守的に見て保険範囲を拡大することは、投資効率を悪化させる要因となる。このように、貸付人と借入人SPCとの利害が対立するところであるため、中立的な専門家の意見が尊重され、プロジェクト・ファイナンスにおいては、保険コンサルタントによるリスク分析及び付保すべき保険についてのレポートが作成され、保険コンサルタントの推奨する保険の付保・継続が融資の条件とされることが一般的となっている。

　付保の要否、保険金額、免責金額等の決定は、保険コンサルタントのレポートを通じた保険事故となる自然災害等のリスク

の分析のほか、他のリスク回避手段との関係やプロジェクトの採算性を踏まえてなされる必要がある。地震保険を例に挙げると、地震リスクについての専門家の報告書を基に付保の要否、内容やその代替手段としてリザーブによる対応の可否を検討することが考えられる。また、操業開始遅延保険については、EPC契約における操業開始遅延時の損害賠償の条項との関係を考慮して付保の要否を判断することなどが考えられる。

　なお、免責金額が設定される場合には、それについてのキャッシュフロー・モデル（事業計画）上の手立ても必要となる。免責金額は、あくまでも保険事故発生時に支払を要するものであるため、そのためのリザーブ（第2章2⑶④・44頁、第4章4⑷・120頁）を設定する例が多く見受けられる。

　もっとも、運営期間中の保険については、運営期間にわたる長期の付保期間にて付保されることは通常なく、1年等の短期間ごとに更新・継続されていく例が多い。そのような場合においては、運営期間中の将来において、関連する種類の保険自体が利用できなくなるリスク、及び、種々の理由により同種・同等の保険を付保するための保険料が増額されるリスクがあり得る点に留意する必要がある。

⑶　予備費の活用

　プロジェクト・コストや営業費用の中に完全に固定することができない要素が含まれる場合、貸付人としては、それらがキャッシュフロー・モデルにどのように織り込まれているかを確認する必要がある。プロジェクト・コストについていえば、

通常、キャッシュフロー・モデルにおけるスポンサーの予測値には、「予備費」として、請負契約金額の一定割合（3〜5％など）の金額が盛り込まれている。したがって、前記第4章3⑵・88頁の〈文例5〉でいえば、必要な「検査又は試験」がどのような場合に発生し、それについてどれくらいの金額が必要になるのかにつき、必要に応じて技術コンサルタントの意見も踏まえて確認し、当該費用が「予備費」の範囲に収まるよう、貸付人とスポンサーとの間で「予備費」の金額について交渉する、という方法でのリスク軽減も可能となる。営業費用についても一定の予備費が見込まれることがあり、おおむねこれと同じことが当てはまる。

⑷ **リザーブの設定**

　リスク発生を完全に防止することは難しい場合が多く、また、他のリスク低減措置が講じられている場合にも、それが発生した損失を事後的に塡補するタイプの措置であるときには、リスクイベント発生時から損失の補塡までの間に時間的間隔が生じる場合があり得る。そこで、プロジェクト・ファイナンスにおいては、各種のリザーブが設定される。リザーブは、融資実行金やプロジェクト運営による収入金から積み立てられ、その積立目的たるイベントが発生した際に、プロジェクトの運営や元利払いに必要な資金の補塡に充当される。リザーブについては第2章2⑶④・44頁も参照のこと。

⑸ キャッシュ・フローの調整による対応

　例えば、空港コンセッションにおける着陸料・停留料・保安料のように、性質上、プロジェクトの提供するサービスや物の全量を定額にて買い取るオフテイカーが想定し難い場合がある。また、オフテイカーがプロジェクト期間にわたってプロジェクトの供給するサービスや物の全量の引取をコミットすることに合意せず、予測収入の完全な固定化が困難な場合はあり得る。同様に、営業費用についても、契約は相手方のあるものであり、委託料の固定化について業務委託先等の同意を得られないことがある。一部の例外的にしか発生しない営業費用の固定化のために発生する契約金額の増額分がプロジェクトの経済性にとって許容できないことも起こり得る。そのようなプロジェクトにおいては、次のように、融資関連契約の条件にて対策を講じる例もある。

a　営業費用の劣後化と支払の繰延べ

　スポンサーにおけるプロジェクトIRRと比較すれば極めて低い料率の利息のみを収受し、プロジェクトに対して間接的なコントロールしか有しない貸付人は、プロジェクトの収益性についてより保守的な見方をすることが通常であることから、スポンサーと貸付人とでは、プロジェクトの収益性についての見方が異なり得る。このような場合、スポンサーと貸付人とがプロジェクト・ファイナンスにおける前提とすることに合意し、シニアローン契約上の「事業計画」として取り扱われるキャッ

シュフロー・モデルと、スポンサー内部における管理のために用いられるキャッシュフロー・モデルとが別々に策定されることが少なくない。そのため、スポンサー・ケースでは、「どれだけの金額を営業費用に回すことができる（回しても貸付人に対して元利金を支払った上で更に必要十分なエクイティIRRを確保できる）か」という水準感も、より保守的な前提を置いたレンダー・ケースにおける水準感とは異なることとなり得る。このような場面においては、次の①～③といった整理も可能となり得る。

① レンダー・ケースには、費用Ａのうち固定化可能な金額（固定化されない場合には、一定の上限額）のみを営業費用として見込む。

② 費用Ａのうち上記①を超える金額については、元利払い後の余剰キャッシュのみから支払う。

③ 上記②の対象とする部分については、当該支払方法により支払われなくなった場合、その履行期限が繰り延べられ、当該繰延べは借入人SPCの債務不履行とならないこととする。

もちろん、費用Ａの支払先である業務受託者や燃料等の調達先が第三者である場合には、このような条件に応諾してもらえることは多くはないであろうが、とりわけ、当該業務委託先や燃料等の調達先がスポンサー（又はその関連会社）である場合には、このような条件に応諾してもらえることもある。なお、上記①②については融資関連契約において合意し、上記②については費用Ａの発生根拠となるプロジェクト関連契約において合意することとなる。

b　余剰キャッシュによる強制期限前弁済

　他の方法として、一定のイベントが発生した場合に、余剰キャッシュをスポンサーに還流させることに代え、元利金の支払に充当させることも考えられる。例えば、一定のイベントが発生した場合に将来にわたり契約価格が増額することがあり得る契約条件となっているようなケースにおいて、当該イベントが発生した時点以降収入口座からリリース口座への資金の振替（第2章2⑶a⑤・44頁参照）を停止する仕組みを設けることがある。このようにして収入口座に残存することとなった資金（余剰キャッシュ・フロー）から、当該増額による将来の営業費用の増加を反映して見直したキャッシュフロー・モデル（事業計画）上の計画DSCRが貸付人の求める値以上になるまで優先的に融資元本の期限前弁済を行わせ（すなわち、将来におけるDebt Serviceを減少させ）、当該増額による貸付人にとってのリスクの増加を一時的なものに止めることができることとなる。

　類似の発想で、キャッシュ・フローについて一定の変動があり得る場合において、予測値よりも実績値が上回っているときには、上回っている程度に応じて、余剰キャッシュ・フローのうちの一定割合をもって、融資元本の一部の返済を行わせるという方法（キャッシュ・シェアリング）が採用されることもある。「良いとき」に優先的に融資元本の回収を図り、「悪いとき」のリスクを減少させようという発想といえる。

　これらの方法によれば、スポンサーサポートのようにスポンサーから追加の資金拠出を求めることはせずノンリコース性を維持しつつ、実質的にはスポンサーの資金をもって、貸付人に

とってのリスクを低減させることができることとなる。

(6) 表明保証・誓約・貸付実行前提条件・期限の利益喪失事由によるリスク・コントロール

デューディリジェンスを通じた分析、プロジェクト関連契約のレビュー等を踏まえつつ、貸付人におけるドキュメンテーションの主戦場は、シニアローン契約の交渉となる。発見されたリスクのうち、融資の前提となる事実関係については借入人SPCに表明保証させ、リスクの発生を回避し又はモニタリング若しくはコントロールするために、融資期間中借入人に行わせたい事項、又は行わせたくない事項については誓約事項として借入人SPCに対して義務付ける。また、貸付実行の前提として必要な事項については貸付実行前提条件として定め、債権回収フェイズに入るべき事由については期限の利益喪失事由として規定することとなる。これらの条件の中には、一般的に求める内容も多いが、案件ごとのリスクの特性を踏まえ、個別に交渉・合意していく必要性が高い。表明保証・誓約・貸付実行前提条件・期限の利益喪失事由に係る各条項の文例及び交渉のポイントについては第5章1・134頁以下を参照のこと。

(7) スポンサーサポート

スポンサーとの交渉によっては、特定の事由により借入人SPCに発生した損害をスポンサーが借入人SPCに対して追加出資により補填する旨の条項等がスポンサーサポート契約中に置かれる場合がある。特に、抽出されたリスクを外注先に負わせ

ることができず、借入人SPC内部でも十分に緩和・解消できないような場合には、スポンサーサポートの可否及び内容について交渉が行われることも少なくない。スポンサーサポートについては、第2章5・54頁も参照のこと。

(8) 許認可等の更新リスクへの対応

プロジェクトに必須の許認可がプロジェクト・ファイナンスにおける融資期間にわたって確保されていない場合がある。

例えば発電プロジェクトにおいて、発電所と送配電網とをつなぐ自営線を道路の上空又は地下に敷設するといった場合に、その用地を占用許可等により確保することがある（第4章3(4)b・100頁）。

そもそも、当該土地が行政財産である場合には国等は原則として貸付を行うことができず（国有財産法18条、地方自治法238条の4。なお、PFI法においては、選定事業の用に供するため、行政財産を貸し付けることができる旨の特則がある（PFI法69条））、多くの場合、使用許可によることとなる。かかる使用許可は、1年や3年といった短期で付与されることが通常である。この場合、例えば道路法36条のように、法律上公共側に許可の付与が義務付けられているものもあるが、原則として、プロジェクトは、使用許可更新のリスクを負うこととなる。

そのほかにも、例えば、営農型太陽光発電事業への利用が考えられる農地の一時転用許可の期間は3年又は10年が上限となる（平成30年5月15日30農振第78号「支柱を立てて営農を継続する太陽光発電設備等についての農地転用許可制度上の取扱いについ

て」2⑵ア、別表)。また、都市公園法に基づく公募対象公園施設制度を利用したいわゆるPark PFI案件における公募設置等計画の認定期間の上限は20年間であり(同法5条の2第5項)、PFIの事業期間(30年が上限)よりも短いため、事業期間を30年とするPark PFIにおいては、認定更新リスクが存することとなる。

　これらの場合、更新がなされることを完全に確保することは困難であるが、制度上の及び公共との折衝状況に基づく更新の蓋然性並びに更新がなされなかった場合における補償の有無及び範囲等を注意深く検証し、融資可能性(Bankability)を判断する必要がある。プロジェクト用地の使用許可の例でいうと、例えば以下のような事柄が、かかる判例における考慮要素となろう。

① 許可対象土地の利用履歴
② 許可対象土地の他の用途での利用可能性
③ 使用許可が更新されなかった場合の代替土地の利用可能性
④ 公共との折衝状況

⑼ スポンサーの信用リスクへの対応

　プロジェクト・ファイナンスはプロジェクトに対する融資であるから、プロジェクト以外に関する事由により影響を受けるべきでない。スポンサーはプロジェクトの実質的な主体ではあるが、その信用力の悪化によりプロジェクトの実現可能性やプロジェクト・ファイナンスの返済可能性に影響を生じてしまうことは好ましいとはいえない。

a　エクイティ・ファーストとプロラタ出資

プロジェクト・ファイナンスにおいて、プロジェクト・コストは、プロジェクト・ファイナンスによる貸付金とともに、スポンサーによるエクイティ資金によって賄われる。ここでは「エクイティ・ファースト」という考え方が原則となる。これは、プロジェクト・ファイナンスによる貸付実行前に、スポンサーによるエクイティ出資が完了していることを意味する。貸付人にとっては、出資額の範囲でしかプロジェクトに責任を負わないスポンサーのプロジェクトへのコミットメントを確認するために、また、プロジェクトにより近い立場にあるスポンサーが必要額の出資を行っていることがプロジェクトに問題が生じていないことの端的な証左といえるため、かかるエクイティ・ファーストが最も望ましい条件といえる。

これに対し、プロジェクト・コストの支払が複数回かつ長期間にわたる案件においては、スポンサーはエクイティIRRを向上させるために、エクイティ出資のタイミングをできる限り後ろ倒しすることを志向する。このため、プロジェクトの一番初期の段階でエクイティ出資を全額行うことに代え、プロジェクト・ファイナンスの貸付実行のタイミングで、都度、デット・エクイティ比率に応じたエクイティ出資を行うことが許容される場合もあり、これを「エクイティ・プロラタ」と呼称する。この場合でも、かかる都度の出資及び融資の間では、出資の方が先行することが求められる。

エクイティ・ファーストにしても、エクイティ・プロラタにしても、以上のような時間的先後関係は、シニアローン契約に

おける貸付実行前提条件として規定される。この点については第5章1(2)・135頁も参照されたい。

> **コラム⑦**
>
> ### EBL
>
> 本文記載のとおり、スポンサーにとっては、エクイティ出資のタイミングを後ろ倒しにすることは、エクイティIRRを高めることになる。これを更に推し進めて、プロジェクト・ファイナンスとの関係で本来エクイティ出資が要求されるタイミングで、これに代えて融資を実行し、後日（例えばプロジェクト・ファイナンスに係る貸付実行完了後一定の時点で）、スポンサーによるエクイティ出資金をもってこれを返済させる、EBL（Equity Bridge Loan）が用いられる場合がある。プロジェクト・ファイナンスがプロジェクトのキャッシュ・フローに依拠したファイナンスであるのに対し、EBLは、主として、スポンサーの信用力に依拠した、実質的にはコーポレート・ファイナンスの一種であるといえる。EBLを含むスポンサーのエクイティIRR向上のための施策については、勝山輝一ほか「プロジェクトファイナンスにおけるEBLの活用とその他の資金効率向上の仕組み」（金融法務事情2188号15頁）も参照されたい。

b　エンティティの選択

(a)　KKスキーム及びGKスキーム

借入人SPCを株式会社又は合同会社として設立し、スポンサーが借入人SPCに対し株式出資又は社員出資を行うスキームにおいては、スポンサーが名実ともに借入人SPCの支配権を有することとなる。PFIにおいては、借入人SPCを株式会社とし

て設立することが公募条件となっているのが通常である。このようなスキームが採用される案件では、借入人SPCと各スポンサーとの間でプロジェクトの支援のための業務委託契約や、人員の出向契約が締結されることも多く、プロジェクトに対するスポンサーのサポートを得やすいというのがメリットといえる。

　もっとも、このスキームの下では、スポンサーに倒産手続が開始された場合、スポンサーが有する借入人SPCの株式や社員持分が倒産手続における管財人等の管理処分の対象となることにより、予定しない議決権行使がなされるといった場合があり得る。とりわけスポンサーについて会社更生手続が開始された場合、その時点で、借入人SPCがプロジェクト・ファイナンスに係る期限の利益を喪失しており、貸付人が担保権を実行できる状況となっていたとしても、同手続との関係で、スポンサーが有する借入人SPCの株式や社員持分に設定された担保権の実行が停止され、適時に担保対象たる株式や社員持分を取得又は処分することができないという事態になりかねない。

コラム⑧

法的倒産手続と担保権の実行

　借入人SPC又はスポンサーに破産手続、民事再生手続又は特別清算手続が開始されても、貸付人は、なお、プロジェクト資産及びスポンサーの借入人SPCに対する株式、社員持分等の出資持分に設定された担保権を、原則として、これらの手続の影

響を受けることなく実行することができる。これに対し、借入人SPC又はスポンサーに会社更生手続が開始された場合には、こうした手続外での担保権の実行は許容されず、かかる担保権により担保されている債権は、更生担保権と呼ばれ、その弁済は、更生計画に従ってなされることとなる。会社更生手続は株式会社のみに適用のあるものであるため（会社更生法1条）、借入人SPCが合同会社である場合、借入人SPCについてこのことは問題にならない。しかしながら、スポンサーについては多くの場合株式会社であるため、スポンサーが提供している借入人SPCに対する出資持分に設定された担保権の実行が会社更生手続により妨げられる可能性はある。本文第2章3・46頁記載のとおり、プロジェクト・ファイナンスの期限の利益喪失時における債権回収は、Step Inを通じてなされるところ、借入人SPCの出資持分に加え、借入人SPCの保有する全資産について担保権を設定することとしているのは、このように、借入人SPCの出資持分に設定された担保権の実行を通じたStep Inが奏功しない場合があるためである。

(b) **GK-TKスキーム**

以上に対し、プロジェクトによっては、GK-TKスキームが採用される場合もある。「GK」及び「TK」は、それぞれ、「合同会社（Godo Kaisha）」及び「匿名組合（Tokumei Kumiai）」のローマ字表記の頭文字をとったものである。GK-TKスキームは、旧来より、スポンサーが倒産した場合におけるプロジェクトへの影響を回避するため（倒産隔離）の仕組みとして、不動産ノンリコースローンを中心として採用されてきた。プロジェクト・ファイナンスにおいては、どちらかというと、匿名組合事業の損益がそのままスポンサーに帰属し、借入人SPCにおける法人課税を回避することができるという税務上のメリットに

着目して採用される例が多いように思われる。太陽光発電プロジェクトにおいて多く利用され、風力発電プロジェクトやバイオマス発電プロジェクトにおける利用例も見られる。

　GK-TKスキームにおいては、あえて、他の事業を行わずそれ自体倒産手続に入る可能性が実質的に排除された中立的な主体に社員持分を持たせ、プロジェクトに必要なエクイティ性の資金はかかる社員出資とは別に、事業への関与の程度が極めて限定された匿名組合出資により提供する形をとる。このような仕組みとすることで、スポンサー自身に社員持分を保有させた場合に、スポンサーに倒産手続が開始されることによる前述のような問題を相当程度回避することができると考えられている。かかる中立的な主体として、通常は、一般社団法人及び一般財団法人に関する法律に基づき設立された一般社団法人が利用されるが、これは、株式会社等の通常の法人においてエクイティ性資金の拠出（出資）を行った者が法人の事業運営について議決権を有するのに対し、一般社団法人においては、議決権を有する「社員」と、エクイティ性資金の拠出を行った「基金拠出者」とが制度上で完全に分離されていることから、倒産隔離スキームにおける議決権保有主体として適しているためである。なお、その社員及び理事の任には、会計士や税理士といった中立的で社会的信頼性が高い当事者が就き、一般社団法人の理事や社員からの倒産不申立誓約書の徴求も行われる（倒産不申立てについては第4章3(7)a・108頁を参照のこと）。反面、かかるGK-TKスキームにおいては、スポンサーは、パッシブな投資家である匿名組合員という立場を有するにすぎないため、スポ

ンサーサポート契約にて、プロジェクトに対するスポンサーのサポートを義務付けることに限界があり得る点に留意が必要である。

第 5 章

融資関連契約における交渉ポイント

1 シニアローン契約

(1) シニアローン契約において交渉が多く発生するポイント

　シニアローン契約や担保関連契約等の融資関連契約は、一般的にアレンジャーを務める貸付人の弁護士が作成する。貸付人が作成した融資関連契約はスポンサー（借入人）に提示され、スポンサーの弁護士のレビューを経つつ、合意に至るまで交渉が重ねられる。融資関連契約、特にシニアローン契約については、契約書を作成する前に、タームシートが作成されることが多い（タームシートについては第2章1・32頁参照）。

　プロジェクト・ファイナンスにおいては、タームシートの交渉から契約書の合意までには数か月間を要することも多い（一般的な組成手順やスケジュールについては、第1章3・16頁参照）。特に長い期間にわたり数多くの交渉が重ねられる事項としては、①貸付実行前提条件（CP）、②誓約事項（コベナンツ）、③表明保証（Reps）、④期限の利益喪失事由及び⑤強制期限前弁済事由が挙げられる。以下に、①から④のそれぞれについて代表的な規定例を挙げながら、詳しく見ていきたい。⑤についてはテーラーメイドとなる部分が多いため、本章では取りあげないが、第2章2(2)⑤・40頁及び第4章4(5)a・121頁を参照されたい。

(2) シニアローン契約の交渉（貸付実行前提条件（CP））

　貸付実行前提条件とは、それらの全ての条件が充足された場合に初めて貸付人が貸付義務を負うこととなる条件のことである。換言すれば、貸付人としては、貸付実行前提条件として規定されている条件が充足される場合には貸付を実行する義務を負うこととなることから、貸付実行前提条件として十分な条件が規定されているかという観点から検討することとなる。これに対して、借入人としては、貸付実行前提条件が充足されなければ貸付の実行を受けることができないから、充足することが難しい条件が含まれていないか、また、必要最小限度の条件に限定されているかという観点から入念な検討を行うこととなる。このように、貸付人としてはできる限り多くの条件を網羅的に規定しようとし、借入人としてはできる限り条件を限定的にしようとするため、その内容については多くの交渉が行われることとなる。

　貸付実行前提条件の代表的な規定例を紹介すると、次のとおりである。

〈文例21〉［代表的な規定文例：貸付実行前提条件（CP）］
　貸付実行希望日の3営業日前までに次の実行前提条件が全て充足され、かつ、貸付実行希望日においてこれが維持されていることを条件として、各貸付人は、貸付実行希望日に、本貸付を実行する。
(1)　借入人に関する書類の提出

エージェントが借入人に関する以下の書類を受領していること
(a) 借入人の最新の定款及び内部規則（もしあれば）の原本証明付写し
(b) 最新の情報を反映した借入人の代表者の印鑑証明書
(c) 最新の情報を反映した借入人の履歴事項全部証明書
（中略）
(2) スポンサーに関する書類の提出
（中略）
(3) その他の書類
エージェントが以下の書類を受領していること
(a) 貸付人が満足する技術・環境、燃料、保険及び出力抑制に係る各コンサルタント作成の貸付人の満足する形式及び内容の報告書
(b) 貸付人が満足する形式及び内容の借入人側弁護士作成の日本法に係る法律意見書
(c) 貸付人が満足する形式及び内容の借入人側税理士事務所作成の税務に係る意見書
(d) （中略）
(4) プロジェクト関連契約
プロジェクト関連契約が貸付人が満足する形式及び内容で有効に締結され、かつ有効に維持されていること。貸付人が書面により事前に承諾した場合を除き、いかなるプロジェクト関連契約も変更されていないこと

(5) 表明保証

借入人及びスポンサーがそれぞれ当事者となるプロジェクト関連契約において表明及び保証された事実が、真実かつ正確であること

(6) 債務不履行等

プロジェクト関連契約について期限の利益喪失事由、無効事由、取消事由、解除事由その他の契約終了事由又は債務不履行事由その他の義務違反が発生していないこと

(7) 担保権

本件担保権が設定され、それらが適法、有効、履行強制可能であり、かつ、担保関連契約において定められた順位の対抗要件等を備えていること

(8) 本プロジェクト用地の使用権原

本プロジェクト用地について、借入人は、地上権その他の利用権原を適法、有効に取得し、かつ維持しており、本プロジェクト期間にわたり当該権原が維持されることにつき障害となるべき事情は存在しないこと

(9) 法令等

環境・社会関連法規を含む全ての法令等を遵守していること

(10) 許認可等

本プロジェクトの遂行並びにプロジェクト関連契約の有効な締結及び履行のために借入人及びスポンサーが貸付実行希望日までに取得又は履践すべき許認可等

> が、借入人又はスポンサーにより全て取得又は履践さ
> れ、かつ、かかる許認可等が有効に維持されているこ
> と
>
> ⑾　株主による出資及び劣後ローン
> 事業計画上予定された株主による出資及び劣後ローン
> の全額が実行されており、かかる実行がなされたこと
> を合理的に証明する書類をエージェントが借入人から
> 受領していること

　以上はあくまでも代表的な例であり、実際には数ページにわたって多くの条件が既定され、その一つ一つについて交渉が行われることとなる。プロジェクト・ファイナンスにおける貸付実行前提条件の内容は非常に多岐にわたるが、一般的なコーポレート・ファイナンスにおいても求められるような借入人その他の関係当事者に関する事項に加え、貸付人がキャッシュフロー・モデルを策定するに当たって一定の前提事実としたもののうち、貸付実行前提条件に含めるべきものが含められることに特色がある（第4章4⑹・124頁参照）。キャッシュフロー・モデル（事業計画）の実現の確実性をできる限り高めるという観点で、プロジェクト関連契約とも関連する点は、第4章2・77頁以下のとおりであるが、貸付人としてレビューを行い、内容について合意したとおりにそれらのプロジェクト関連契約が有効に締結され、予定どおりに履行されていることは、貸付実行前提条件とされる必要があり、上記文言例の⑷ないし⑹はこの点に関連するものである。上記⑻の土地利用権原の存続期間

についても、キャッシュフロー・モデル（事業計画）実現の確実性を担保する観点から規定されているものと見ることができる（第4章3⑷a(b)・99頁参照）。

[交渉ポイントの例：抽象的な包括規定（キャッチオール規定）]

　貸付実行前提条件について、特に交渉が行われるものとして、抽象的な包括規定（キャッチオール規定）が挙げられる。プロジェクト・ファイナンスが有する特殊性として、シニアローン契約が締結されてからかなり先（1年以上先）に貸付が実行される場合も多いということが挙げられるところ、貸付人としては、そのように様々な状況が変化していてもおかしくないかなり先の時点において、何か貸付実行が困難となる事象が発生しているのであれば貸付義務の負担を免れたいところである。このため、貸付人は、次のような抽象的な貸付実行前提条件を借入人側に求めることがある。

〈文例22〉

重大な悪影響の不存在

　借入人の融資関連契約上の返済義務の履行能力に重大な悪影響を及ぼすと合理的に認められる事態が存在しないこと

　借入人がこのような抽象的な規定を許容した場合には、それを充足することができるかどうかを具体的に予見することが難しくなることから、借入人はこのような条件を設けることについては抵抗を示すことが多い。なお、仮にこのような抽象的な

貸付実行前提条件を規定することについて合意することができたとしても、貸付人が実際にかかる条件の不充足を理由として貸付の実行を拒むことは現実的には容易ではないと考えられる（借入人からの抵抗に遭い、紛争になるおそれがある）。したがって、貸付人としては、かかる条件を規定することについて借入人の理解が得られたとしても、具体的な貸付実行前提条件が十分に規定されているかという点について慎重に検討すべきであることに留意する必要がある（すなわち、抽象的なキャッチオール規定を設けることができたとしても、具体的な貸付実行前提条件を規定しなければならない必要性は変わらない）。

コラム⑨

法律意見書

貸付実行前提条件（特に初回の貸付実行前提条件）の一つとして、法律意見書の提出が規定されることが一般的である。法律意見書の内容を確認する際には、弁護士によって示されている法律意見のみならず、かかる法律意見の前提となる前提事項や法律意見が留保される留保事項を確認する必要がある（前提事項や留保事項の内容によっては、法律意見の内容が骨抜きになっている場合も少なくない）。法律意見書のレビューは主に貸付人側の弁護士によってなされることになるが、弁護士は必要な法律意見が漏れなく示されているかという点のみならず、余計な前提事項や留保事項がないかという点についてレビューを行い、その案件において特に重要とされている論点についての法律意見や留保事項等については、その内容について交渉が重ねられることも多い。

(3) シニアローン契約の交渉（表明及び保証（Reps））

　表明保証事項とは、借入人がある一定の時点（典型的にはローン契約の締結日及び貸付実行日）において一定の事実が正確であることを表明及び保証する事項のことである。貸付人が貸付を行うためには、ある一定の事実が存在していることを前提とせざるを得ない。一例を挙げると、借入人が融資関連契約等の契約を締結するためには、借入人において一定の社内手続が必要になると考えられるところ、かかる事実（必要となる社内手続が全て履行されたこと）について貸付人が自ら確認を行うことには限界がある（例えば、議事録の写しの提出を受けたとしても、本当にかかる決議がなされたかまでは分からない）。また、プロジェクト・ファイナンスにおいて、貸付人がキャッシュフロー・モデルを策定するに当たって一定の前提事実を置く必要があることは既に述べたとおりであるが、これらの前提事実の中にも貸付人が自ら確認を行うことには限界があるものが多い。このことから、かかる事実が正確であることを借入人に表明及び保証させ、将来的に表明保証がなされた事項に誤りがあった場合には、貸付が実行されていないものについては貸付実行前提条件を充足しないこととし、また、貸付が実行されているものについては期限の利益喪失事由に該当することとする。貸付人としては、かかる事実の存在を大前提として貸付を行う以上、かかる事実が正確ではない場合（すなわち、かかる事実が存在しない場合）には、貸付実行前においては貸付義務をそもそも負わないこととし、貸付実行後においては期限の利

益を失わせ、貸付を行っていない状態に戻すことを目指すこととなる。

　表明保証違反時には、このように重大な効果が生ずることとなるから、借入人は、シニアレンダーがシニアローン契約のドラフトを通じて要求してきた各表明保証事項について、違反する事実の有無について慎重に確認を行うこととなり、それを通じてリスク事項が浮かび上がることもある（当該リスクの大きさによっては、シニアレンダーは貸付の実行を諦める場合もあり得るが、多くの場合においては当該リスクの対応策を借入人との間で検討することとなる）。このように、表明保証事項の交渉は、案件が有するリスクを炙り出す機能を有しており、案件組成において重要な交渉といえる。

　表明保証事項の代表的な規定例を紹介すると、次のとおりである（実際の契約書においては、これよりも遥かに多くの事項について表明保証が行われる）。

〈文例23〉［代表的な規定文例：表明及び保証（Reps）］
借入人は、本契約締結日及び各貸付実行日において、以下の各号の事実が真実かつ正確であることを表明及び保証する。
(1) 適法な存在
　　借入人は、日本法の下で適法に設立された上で有効に存在する株式会社であること
(2) 権利能力
　　借入人は、プロジェクト関連契約の締結及び履行に係

る権利能力及び行為能力を有すること
(3) 社内承認手続

プロジェクト関連契約の締結及び履行は借入人の事業目的の範囲内であり、借入人は、プロジェクト関連契約の締結及び履行について、法令等並びに借入人の定款及びその他の内部規則において必要とされる全ての手続を完了していること

(4) 授権行為

各プロジェクト関連契約は、当該プロジェクト関連契約を締結する完全な権限を与えられている借入人の代表者により有効に締結されたものであること

(5) 契約の有効性及び履行強制可能性

債権者の権利に一般的に影響を与える法令等の規定によって制限される場合を除き、プロジェクト関連契約が適法、有効であり、拘束力があり、履行強制可能であること

(6) 納税等

借入人は、必要な納税申告書等を日本その他該当する国の税務当局に適時に提出しており、また、公租公課等の滞納が存在しないこと

(7) 債務負担

融資関連契約上予定されているものを除き、借入人は銀行取引約定書の差入、金銭消費貸借契約の締結、保証又は保証を義務付けられる契約の締結その他の金融債務の負担に関連する行為を行っていないこと。ま

た、借入人は、事業計画又は融資関連契約において予定又は許容される債務及び貸付関係者が事前に書面により承諾した債務以外の債務を負担していないこと

(8) プロジェクト口座

全てのプロジェクト口座が適法、有効に開設され、維持されていること。プロジェクト口座以外の借入人名義の口座が存在しないこと

(9) 反社会的勢力

借入人及びその役職員が反社会的勢力に該当せず、反社会的勢力との間で取引を行う者ではないこと。また、これらの者が反社会的行為を行っていないこと

(10) 情報の正確性・完全性

借入人は、本プロジェクト又は借入人によるプロジェクト関連契約上の義務の履行に悪影響を及ぼす現実的かつ具体的なおそれのある、借入人が保有する全ての情報をエージェントに開示していること。貸付関係者に対する全ての開示情報が重要な点において正確かつ完全であり、事実の省略がされておらず、誤解を招くものでないこと

(11) 本プロジェクト用地

借入人が本プロジェクト用地の地上権その他の利用権原を適法、有効に取得し、対抗要件を備え、かつ維持していること。本プロジェクト用地について、借入人の地上権その他の利用権原に基づく利用を妨げる一切の担保権、用益物権その他の物権若しくは賃借権、瑕

疵、第三者の占有、建物又は本発電設備以外の構築物の存在その他の法律上又は事実上の負担又は事情（本プロジェクト用地に関する紛争を含む）は存在しないこと。本プロジェクト用地について、土地収用、土地区画整理事業、都市再開発事業その他類似の手続は開始されていないこと。本プロジェクト用地と隣地との境界は確定しており、本プロジェクト用地の隣地所有者との間で境界に関する紛争は生じていないこと

(12) 環境関連法規遵守

借入人が全ての環境関連法規を遵守し、これらの手続に関連して必要な又は適切と判断される全ての環境関連法規対策を実行し、又は適切な第三者をして実行させていること

[交渉ポイントの例：借入人が知らない事項についての表明保証]

ローン契約等の交渉において、借入人側から「このような事実の有無については知らない（確認を行っていない）から、表明保証を行うことができない」という主張がなされることがある。例えば、次のような事項についての表明保証である。

〈文例24〉

本プロジェクト用地に土壌汚染対策法（平成14年法律第53号）に基づく措置を行うことが必要となる濃度又は量の特定有害物質が含まれておらず、本プロジェクトに関して

> 環境・社会関連法規の違反はないこと

　確かに借入人は必ずしも本プロジェクト用地の隅々まで特定有害物質等の完全な調査を行わないことも考えられ、一見すると合理的な主張であるように思われる。しかし、表明保証条項とは、「借入人が表明し保証できる事実」を集めた条項というわけではない。表明保証条項とは、表明保証されたある事実について、それに反する事実が見つかったときに貸付人及び借入人のどちらがそのリスクを引き受けるかという問題である。すなわち、上の例でいうと、仮に将来的に本プロジェクト用地に土壌対策汚染法に基づく措置を行うことが必要となる量の特定有害物質が発見されてしまい、追加の除去費用を要することとなったり、発電の開始時期が遅れたりしたような場合において、そのリスクを貸付人と借入人のどちらが引き受けるかという問題である。貸付人としては土壌汚染がない土地であることを前提に貸付を検討しており、追加費用や遅延によりキャッシュフロー・モデル（事業計画）における予測収支に悪影響が生じ、これに従った返済が見込めなくなることがあるとすると、このようなリスクを受け入れることは難しい。一方、借入人としては、事前に土壌汚染の調査を行い事実を確認することや、仮に汚染があった場合にはスポンサーからの出資により除去費用を賄って事業を成立させるなどの対応を取ることもでき、借入人がリスクを負担することが合理的とも考えられる。そのため、借入人は自らが知らないことであっても、表明保証を行うことを求められることもある。

以上のように、借入人が行う表明保証の内容は、借入人が知っているか否か等とは関係がないものといえる。もっとも、理論的にはそうであるとしても、借入人としては、貸付実行前提条件の不充足や期限の利益喪失事由への該当等の効果をもたらすこととなる表明保証事項については、安易に受け入れることは難しい。その結果、借入人が貸付人が要求する表明保証事項をどうしても受け入れられないような場合には、「借入人が知り得る限り」とか「借入人が知る限り」などという制限を設けることを貸付人が許容することもある（前述の例であれば次のような表明保証事項となる）。実際の交渉では、このような制限を設ける範囲及びその内容についても議論が重ねられることが多い。

〈文例24の修正案〉
　借入人の知る限り、(i)本プロジェクト用地に土壌汚染対策法（平成14年法律第53号）に基づく措置を行うことが必要となる濃度又は量の特定有害物質が含まれておらず、(ii)本プロジェクトに関して環境・社会関連法規の違反はないこと

(4) シニアローン契約の交渉（誓約事項（コベナンツ））

　誓約事項とは、借入人がシニアローン契約に基づく貸付を受け、貸付債務を完済するまでの間に遵守しなければならない事項のことである。シニアレンダーとしては融資判断の基礎とな

るキャッシュフロー・モデル（事業計画）に従ったプロジェクトの運営がなされることが貸付金の返済を確保するために極めて重要であることから、プロジェクト会社に対して一定の事項の誓約を求めることとなる。かかる誓約事項を遵守できない場合には、期限の利益喪失事由に該当し、借入に係る期限の利益を喪失するという結果が生じる可能性がある。また、そもそも貸付を受ける前にかかる規定が遵守されていない場合や、遵守できないおそれが発生しているような場合には貸付実行前提条件の不充足により、貸付の実行を受けることができないこととなる。

　誓約事項は大きく分けると、①プロジェクト会社に一定の作為を求める事項（Affirmative Covenants）（下記の規定文例における(1)）、②一定の不作為を求める事項（Negative Covenants）（同(2)）、③一定の重要な情報提供を義務付けること（Information Covenants）（同(3)及び(4)）及び④財務制限条項（同(5)）に分けることができる。借入人がこれらを受け入れた場合には、何らかの義務を履行しなければならず、また、一定の事項が禁止されることから、借入人の業務の遂行における制約になる。したがって、貸付人と借入人の間ではその内容の一つ一つについて交渉が重ねられることになる。

　誓約事項の代表的な規定例を紹介すると、次のとおりである（実際にはこれよりも遥かに多い事項が定められる）。規定の目的は様々であるが、プロジェクト・ファイナンスにおいてはキャッシュフロー・モデル（事業計画）の達成の確実性を重視するため、それを達成するために実施することが必要となる事

項が作為義務として、それを達成する上で支障となる事項が不作為義務として、また、その達成状況を貸付人において適時に把握できるようにすることが情報提供義務として、規定されるという部分が大きい。

> 〈文例25〉[代表的な規定文例：誓約事項（コベナンツ）]
> 借入人は、以下の事項につき誓約する。
> (1) 作為義務
>   (a) 会社存在の維持
>   本プロジェクトに関する活動のみに従事する単一事業目的会社としての適法な存在を維持すること
>   (b) 本プロジェクトの遂行
>   法令等及び許認可等並びにプロジェクト関連契約に基づき、適法に本プロジェクトを遂行すること
>   (c) 法令等の遵守
>   法令等並びに定款及びその他の内部規則を遵守すること
>   (d) 事業計画の変更
>   事業計画を変更すべき事由が発生した場合には、事業計画の変更案を作成の上、その内容につき貸付人の書面による承諾を得ること
> (2) 不作為義務
>   (a) プロジェクト関連契約の解除等
>   プロジェクト関連契約の全部若しくは一部を解除し、放棄し又は終了させること

(b) プロジェクト関連契約の変更
プロジェクト関連契約の変更又は修正を行うこと

(c) 資産の購入・資産の処分の禁止
事業計画で予定されているもの及び本件担保権の設定を除き、本プロジェクトに関する資産の譲渡、賃貸、売却、放棄、担保設定その他の処分をすること、又は新たな資産を購入すること

(d) 債務負担の制限
融資関連契約において予定又は許容される本プロジェクトに関する債務以外の債務を負担すること

(e) 資金調達の制限
融資関連契約において予定又は許容されるものを除き、借入、社債発行その他対外的な法的債務を負担する方法により資金調達を行うこと、また、かかる資金調達のための契約を締結すること

(f) 新たな契約の締結の禁止
事業計画又は融資関連契約で予定又は許容されているものを除き、新たな契約を締結すること

(g) プロジェクト口座以外の口座開設の制限
プロジェクト口座以外の預金口座を開設すること

(h) 他業務の禁止
本プロジェクトに関連しない業務又は定款の目的外の業務を行うこと

(i) 事業計画の変更禁止
貸付人の事前の書面による承諾なく、事業計画を変

更しないこと
(3) 文書の提出

　　借入人は、エージェントの満足する形式及び内容の以下の書類を、以下の提出期限までに、エージェントに対して提出すること

　(a) 借入人の監査済年次計算書類等：
　　　事業年度末から3か月以内
　(b) 借入人の未監査半期計算書類等：
　　　事業半期末から2か月以内
　(c) 長期事業計画（変更を予定する場合に限る）及び年度事業計画（計画DSCRの算出を含む）：
　　　事業年度末の1か月前までにエージェントに提出し、貸付人の書面による承諾を取得する
　(d) 実績DSCR計算書：
　　　事業半期末の翌月末まで

(4) 通知義務

　　借入人は、以下の事由が発生し、これを認知した場合には、直ちにエージェントに当該事由及びその内容を書面により報告すること

　(a) 期限の利益喪失事由又は潜在的期限の利益喪失事由が発生した場合
　(b) 融資関連契約上の表明保証違反又は誓約違反（ただし、いずれも貸付関係者によるものを除く）が発生した場合
　(c) プロジェクト関連契約の当事者による表明保証違反

>   又は誓約違反が発生した場合
> (5) 財務制限条項
>   借入人は、直前の2事業半期通期における実績DSCR及び直後の2事業半期通期の計画DSCRが1.35未満になった場合には、エージェントに対して書面にて通知の上、貸付人との間でキャッシュ・フロー改善策に関する協議を行うこと

[交渉ポイントの例：不作為義務事項（承諾取得事項）]

　上記②の不作為義務事項、すなわち、一定の事項を行ってはならない、又は行うためには事前に貸付人の承諾を得なければならないという事項（事前承諾事項）についての交渉において、貸付人としては、できる限りプロジェクトの状況を把握しておきたいことに加えて、将来的に借入人から何らかの事項についての承諾依頼がなされた際には、不合理にかかる承諾を行わないつもりはないこともあり、多くの事項について事前承諾事項とすることを要求することになる。他方で、借入人としては、（将来的に貸付人の担当者が変更になる可能性が十分に考えられることもあり）貸付人が将来において承諾してくれるかどうかについて見通しを持つことが難しいことや、承諾をしてくれるとしても承諾を得るために一定の時間及び労力を要することになる。特にプロジェクト・ファイナンスでは、複数の銀行が参加するシンジケートローンの形態が一般的で、貸付人の承諾には「全員の承諾」や「過半数の承諾」等が必要になるため、意思集結に一定の時間を要する。また、借入人としても貸付人

の承諾のために説明資料の作成等が必要となり、一定の労力を要することから、可能な限り事前承諾事項を減らすことに努めることとなる。例えば、次のような事前承諾事項については、一定の条件を付すことについて検討することとなる。

> 〈文例26〉
> 　本発電設備について、貸付人の事前の書面による承諾なく、事業計画において予定されていない計画外修繕を実施すること

貸付人としては、必要と認められる修繕を拒む意図はなく、このような事前承諾事項を要求することがある。しかし、借入人からすると、細かいものについても全て承諾を得なければならないのは手間がかかる上に、緊急を要する修繕が発生した場合に多数の貸付人による意思結集手続を経た上での承諾がなされることを待つ余裕がないことも考えられる。以上を踏まえて、借入人としては次のような一定の例外を要求することがある。

> 〈文例26の修正案〉
> 　本発電設備について、貸付人の事前の書面による承諾なく、事業計画において予定されていない計画外修繕を実施すること。ただし、1回当たり30百万円以下かつ1事業年度当たり累計で30百万円以下の修繕及び緊急を要する場合における合理的に必要と認められる修繕（ただし、緊急を

要する修繕については、実施後直ちにエージェントに書面により通知するものとする）を除く。

(5) シニアローン契約の交渉（期限の利益喪失事由）

「期限の利益」とは、借入人が借り入れている金銭について、ある「期限」までは返さなくてもよいという「利益」である。貸付人としては、そのような利益を与えておくことが適当ではないと考えられる事由（すなわち、そのような事由が発生した場合には、すぐに金銭を返済させる必要があると考えられる事由）を期限の利益喪失事由として規定することとなる。期限の利益喪失事由には、ある事由が発生した場合に（貸付人による判断等を介在せずに）当然に期限の利益を喪失することとなる事由（期限の利益当然喪失事由・当然失期事由）と、ある事由が発生した場合において、貸付人が期限の利益を喪失させることを決定してそれを借入人に通知した場合に初めて期限の利益を喪失することとなる事由（期限の利益請求喪失事由・請求失期事由）とがある。なお、期限の利益喪失のほかに一定の事由が発生した場合に金銭を返済させる仕組みとしては、「強制期限前弁済」がある。例えば、保険金の支払を受けた場合に、一定の金額を強制期限前返済させることなどが行われることが一般的である（第2章2(2)⑤・40頁及び第4章4(5)b・123頁）。

期限の利益喪失事由の代表的な規定例を紹介すると、次のとおりである。

〈文例27〉[代表的な規定文例:期限の利益喪失事由]
(1) 期限の利益当然喪失事由

　次の各号のいずれかに該当する事態が生じたときは、貸付人又はエージェントの通知又は催告がなくても、借入人は、本契約上の債務について当然に期限の利益を失い、直ちにこれを弁済するものとする。

　(a) 倒産手続
　　借入人について、倒産手続の開始の申立て若しくはその決議等が行われたとき、又は倒産手続が開始されたとき
　(b) 借入人の解散
　　借入人が解散の決議を行い又は解散命令若しくは解散判決を受けたとき
　(c) 支払停止等
　　借入人につき支払の停止があったとき。借入人について、その発行する手形若しくは小切手が不渡りになったとき若しくは手形交換所の取引停止処分があったとき、又は、借入人が株式会社全銀電子債権ネットワークによる支払不能通知若しくは取引停止処分若しくは他の電子債権記録機関によるこれと同等の措置を受けたとき

(2) 期限の利益請求喪失事由

　次の各号のいずれかに該当する事態が生じたときは、エージェントを通じた貸付人の書面による通知又は催

告により、借入人は、本契約上の債務の期限の利益を失い、直ちにこれを弁済するものとする。

(a) 支払義務の不履行

借入人が融資関連契約上の支払義務の全部又は一部を期限に履行しなかったとき

(b) 私的整理手続の開始

借入人について、私的整理手続又は特定調停の申込み、申入れ若しくは申立てがあったとき又はこれらの手続が開始されたとき

(c) プロジェクト関連契約上の義務違反等

プロジェクト関連契約上借入人又はスポンサーについて期限の利益喪失事由又は債務不履行その他の義務違反が発生したとき

(d) 表明保証違反

融資関連契約及びプロジェクト関連契約上借入人又はスポンサーがなした表明又は保証が、虚偽若しくは不正確であるとき、又は必要な事実の表示が重要な点において欠落していたとき

(e) 本件担保権の瑕疵又は失効

本件担保権の適法かつ有効な設定、担保権設定に係る必要な同意、承諾の取得若しくは第三者対抗要件の具備が達成できなかったとき、本件担保権、担保関連契約若しくは対抗要件等が失効したとき、又は本件担保権の担保設定対象の所有権その他の権利を有していた担保提供者がその所有権その他の権利を

失ったとき
(f) 完工遅延
　　　●年●月●日までにプロジェクト完工日が到来しないとき
(g) DSCR
　　　直後の2事業半期通期の計画DSCR又は直前の2事業半期通期に係る実績DSCRのいずれかが●を下回ったとき

　期限の利益喪失事由について交渉が行われる主要な規定として、①治癒期間に関する規定及び②抽象的な規定を挙げることができる。

[交渉ポイントの例：治癒期間に関する規定]

　まず、①治癒期間に関する規定についてであるが、例えば次のような規定である。

〈文例27の修正案(a)〉
(2) 期限の利益請求喪失事由
　　次の各号のいずれかに該当する事態が生じたときは、エージェントを通じた貸付人の書面による通知又は催告により、借入人は、本契約上の債務の期限の利益を失い、直ちにこれを弁済するものとし、貸付人の本契約に基づく貸付義務は消滅する。
(a) 支払義務の不履行
　　　借入人が融資関連契約上の支払義務の全部又は一部

を期限に履行しなかったとき。ただし、当該不履行が5営業日以内に治癒された場合にはこの限りではない。
    (b) プロジェクト関連契約上の義務違反等
    プロジェクト関連契約上借入人又はスポンサーについて期限の利益喪失事由又は債務不履行その他の義務違反が発生したとき。ただし、反社会的勢力又は反社会的行為に関する事項の違反の場合を除き、かかる違反が15営業日以内に解消されたときはこの限りでない。

　これらの規定は通常は請求による期限の利益の喪失事由（ある事由が発生しただけでは足りず、貸付人が期限の利益の喪失を請求して初めて期限の利益が失われる事由）として規定される。貸付人としては、期限の利益の喪失を請求するか否かでコントロールできる（すなわち、すぐに治癒されることが明らかなのであれば請求はしないという形でコントロールできる）ことから治癒期間は不要であると主張することも多いが、借入人が要求してきた場合には治癒期間自体は設けることが多く、期間の長短について交渉がなされることとなる。

［交渉ポイントの例：抽象的な規定］

　次に、交渉が行われる主要な期限の利益喪失事由として、次のような、②抽象的な規定がある。

〈文例27の修正案(b)〉

重大な悪影響

　上記のほか、借入人による本貸付に係る支払債務の履行能力に悪影響を与える事態が発生したとき

〈文例27の修正案(b)の交渉後の修正案〉

　上記のほか、借入人による本貸付に係る支払債務の履行能力に<u>重大な</u>悪影響を与える<u>客観的な</u>事態であって、<u>かつ、当該事態の発生の可能性について本契約締結時点において貸付人が合理的に予見することができない、又は著しく困難であった</u>事態が発生したとき。<u>ただし、当該事態が[30]営業日以内に貸付人が合理的に満足する形式及び内容で治癒された場合を除く。</u>

　借入人としては、期限の利益の喪失という極めて重大な事態が発生するにもかかわらず、このような抽象的な規定を受け入れた場合には、貸付人によって権利が濫用されるおそれがあるとして、削除を求めることが多い。貸付人としては、あらゆる事象を具体的に規定することは困難であり、このような抽象的な期限の利益の喪失事由も必要であるとして削除を拒絶することとなるが、交渉を重ねた上で、上の修正案における「重大な」や「客観的な」というような文言を付し、貸付人による安易な請求を困難とすることによって、借入人との間で合意に至

ることもある。

　なお、仮にこのような抽象的な期限の利益喪失事由が規定されることになったとしても、貸付人が実際にかかる事由を理由として期限の利益を喪失させることは現実的には容易ではないと考えられる（借入人側からの抵抗に遭い、紛争になるおそれがある）。したがって、貸付人としては、かかる事由が期限の利益喪失事由として規定されるとしても、具体的な期限の利益喪失事由が十分に規定されているかという点について慎重に検討すべきであることに留意する必要がある。

　最後に、一定の事項について、貸付人の担当者の方から、「このような些細なことで期限の利益を喪失させることは実際には困難であるから、規定する必要はないのではないか」というような指摘を受けることもある。しかし、期限の利益喪失事由に該当することにより、（実際には期限の利益を喪失させることはなくとも）借入人がかかる事態について貸付人との間で誠実に協議を行い、適切に対応させることを事実上強制できるようになることから、やはり期限の利益喪失事由として規定しておくことが望ましいといえる。

2　担保関連契約

(1) 担保関連契約において交渉が多く発生するポイント

　プロジェクト・ファイナンスにおいては借入人が保有する資産の全てについて担保設定がなされることが原則であり（全資

産担保)、そのために数多くの種類の担保関連契約が締結される（第2章3・46頁参照）。そのような原則についてはプロジェクト・ファイナンスの利用を志向するスポンサーも理解をしていることから、典型的なPFIプロジェクトや発電プロジェクトにおいて、担保物の対象自体について争いになることは多くはない。なお、担保物の対象については争いがない場合においても、いかなる担保権を設定するかについては議論になることがある（例えば、工場財団抵当権を設定するか、集合動産譲渡担保権を設定するか等）。登録免許税、手続的負担等の各種要素を踏まえて決定していくこととなる。

次に、担保物の対象及び担保権設定方法について合意することができた場合には、担保関連契約の内容について交渉を行うこととなる。特に交渉になる論点をいくつか挙げるとすると、①表明保証の内容、②誓約事項の内容、③（登記を要する担保権について）本登記とするか仮登記とするか、④第三債務者から取得する承諾書の内容が挙げられる。

①及び②については、シニアローン契約について述べたことと同じことが当てはまり、担保関連契約においてもその内容について貸付人及び借入人（スポンサーその他借入人以外の者が担保権設定者となる場合にはその者を含む）の間で交渉が行われる。担保関連契約においては、担保目的物に関連する表明保証や誓約事項がその中心となるが、シニアローン契約と同内容の担保権設定者自身についての表明保証や誓約事項が規定される場合もある。なお、貸付人から借入人に対して提示される担保関連契約のドラフトにおいて、（貸付人としては意図的ではない

場合が多いように思われるが)ある項目(例えば、訴訟等の不存在や情報の正確性等)についてのシニアローン契約における表明保証等と同一の項目についての担保関連契約における表明保証等が同内容ではなく、担保関連契約においてより重い内容の表明保証等が規定されていることもある。担保関連契約の内容についてはシニアローン契約ほど重要視していないスポンサーがいることは否定できないが、シニアローン契約において交渉を重ねたことを無意味としないためにも、担保関連契約についても入念な検討が必要である。

(2) 担保関連契約の交渉(担保物の対象)

前述のとおり、プロジェクト・ファイナンスにおいては、原則として借入人が保有する資産の全てについて担保権が設定されるところ(全資産担保)、一般的にこの点についてはプロジェクト・ファイナンスの利用を志向するスポンサー・借入人も理解をしていることから、担保物の対象について争いになることは多くはない。

もっとも、プロジェクト・ファイナンスといっても多くの種類があり、例えば空港の民営化案件プロジェクト(コンセッション型PFI)のように極めて大きい事業が対象となるプロジェクト・ファイナンスや、小規模・低圧の太陽光発電プロジェクトを集めたいわゆるバルク型のプロジェクト・ファイナンス案件においては、全ての資産について担保にとることは現実的ではなく、その範囲について交渉が行われることとなる。

このようなケースにおいてどのように担保対象範囲を限定す

るかは大変難しい問題である。例えば、資産や契約の金銭的価値を基準として設定の要否を検討することも一案であるように思われるところ、プロジェクト・ファイナンスにおける担保設定の機能・目的のうち積極的機能（Step Inの目的）に着目すれば、その要否は金銭的価値の大小で決するのではなく、存続期間の長短や、代替性の程度（類似・同等の条件による別の契約締結が容易であるか否か）など、その資産や契約がプロジェクトにおいて必須かどうかで判断すべきであるという考え方もあろう。同様に、消極的・防御的機能の観点からは、契約金額が小さく、借入人SPCが契約相手方に対して取得する債権額が僅少といえる契約については、当該契約に基づく債権を担保提供させる必要性が乏しいとの考え方もあり得るかもしれない。もっとも、これらの点についての判断も容易ではない上に、そもそも膨大にある資産・契約について一つ一つかかる判断を行っていくことも現実的ではないという問題もあり、事務負担の点も十分に考慮の上担保設定の対象を画定していくこととなる。なお資産の分量が膨大である案件では、その全てに担保関連契約を締結し、かつ、対抗要件を具備することは大変な作業となる（締結後にそれらの異動等について管理を行うことも大変な作業となる）。さらに、プロジェクト・ファイナンスにおいては、借入人が締結する「契約」についても担保が設定される（契約上の権利につき債権質権もしくは譲渡担保権を設定し又は契約上の地位につき予約完結権設定することを意味する。第2章3④・51頁も参照）こととなるところ、それらの全ての契約について第三債務者の承諾を取得すること（その意味については第5章2⑷・

166頁参照)は、借入人にとって大変な負担となる(そのような契約の中には、20年等の長期の融資期間に対し1年等の短期間で終了する契約も存在し、特にそのような短期間の契約について担保権を設定し、第三債務者の承諾を取得するよう求めることについて、スポンサー・借入人において抵抗がある場合もあるだろう)。

　積極的機能(Step Inの目的)の観点からは、スポンサーの有する借入人の株式や出資持分をプロジェクト再建のための新たなスポンサーに移転させることを主たる目的として、これらの株式や出資持分に対する担保の設定もなされる(第2章3②・49頁参照)。したがって、当該目的については、かかるStep Inの方法が確実に利用可能な仕組みを構築すれば、借入人SPCの保有する個別の資産に対する担保設定範囲を相当程度限定しても、なお達成し得ることもあり得る(ただし、その場合にも、消極的・防御的機能の観点からは別異の評価もあり得ることに留意が必要である)。

(3) 担保関連契約の交渉(本登記とするか仮登記とするか)

　借入人が所有する不動産に抵当権を設定する場合には、対抗要件を具備するために登記を行う必要がある(民法177条)。そして、登記を行うためには登録免許税を支払う必要があるところ、本登記に関する登録免許税は高額になる場合があり、例えば、不動産抵当権の本登記の登録免許税は、原則として被担保債権額又は極度額の1,000分の4である。これに対して仮登記の登録免許税は低額であり、例えば不動産抵当権の仮登記の登録免許税は1不動産当たり1,000円である。

「仮登記に基づいて本登記（仮登記がされた後、これと同一の不動産についてされる同一の権利についての権利に関する登記であって、当該不動産に係る登記記録に当該仮登記に基づく登記であることが記録されているものをいう。以下同じ）をした場合は、当該本登記の順位は、当該仮登記の順位による」とされており（不動産登記法106条）、仮登記には順位保全効があることから、高額となる登録免許税の支払を避けるために、仮登記の設定にとどめることを許容する場合がある。実体法上の権利変動は発生済みであるものの登記申請情報の一部を欠いている場合に用いられる、不動産登記法105条1号の仮登記（1号仮登記）が利用される。なお、更に進んで仮登記すら行わない（登記留保）ことも考えられるが、プロジェクト・ファイナンスにおいては登記留保が行われる場合は少ないだろう。

　以上のように仮登記にとどめることを許容するプロジェクトも存在するところ、不動産担保権の実行手続を行うためには仮登記を本登記にする必要があることから（民事執行法181条1項3号）、最終的には仮登記を本登記にせざるを得ないということを念頭に置いておかなければならない。そして、仮登記を本登記にするためには登録免許税の支払が必要になり、また、登記手続に関する借入人の協力が必要となるが、本登記にする際に必要となる登録免許税を、その必要性が生じる程度に信用力が悪化した時点の借入人が支払うことができるか（クレジットリスク（支払能力に関するリスク））という問題と、その時点において借入人が登記手続に協力するか（パフォーマンスリスク）という問題がある。このような問題をできる限り回避するため

には、本登記への変更を行う義務がいかなる時点で発生するかという点についての検討が重要となる。期限の利益喪失事由が発生してからそのような義務を発生させるのでは遅く、DSCRの一定水準以下への低下など、一定程度のクレジットの悪化が認められた時点で義務が発生するようにしておくことが望ましい。また、仮登記を本登記にするための登録免許税その他の登記費用相当額をリザーブ（リザーブについては第 2 章 2 (3) a ④・44頁を参照のこと）させておく、スポンサーサポート契約中にてスポンサーからその支払を受けることができるよう合意しておくなど、あらかじめ支払原資を確保する仕組みを設けておくことを検討する必要があろう。なお、プロジェクト・ファイナンスにおいて用いられる担保のうち、ほかに登記又は登記に準じた登録が関連するものとしては、工場財団抵当権、（集合）動産譲渡担保権（民法178条、動産及び債権の譲渡の対抗要件に関する民法の特例等に関する法律 3 条）、（集合）債権譲渡担保権（民法364条、478条、動産及び債権の譲渡の対抗要件に関する民法の特例等に関する法律 4 条）、公共施設等運営権抵当権（民間資金等の活用による公共施設等の整備等の促進に関する法律27条）、知的財産権質権（特許法27条、商標法71条等）などがある。

(4) 担保関連契約の交渉（第三債務者から取得する承諾書の内容）

a 債権質権の場合

プロジェクト・ファイナンスにおいて締結される担保関連契約の一つに、プロジェクト関連契約に基づく借入人の債権への質権設定を目的とする契約がある。例えば、発電プロジェクト

において最も重要なプロジェクト関連契約であるPPA（借入人と電力購入者との間で締結されるPower Purchase Agreement）を例に挙げると、借入人が電力購入者に対してPPA契約に基づき有する売買代金債権等の債権に質権を設定することを内容とする契約である。

この契約においては電力購入者（この立場における電力購入者は貸付人の視点からは借入人に対する債務者（貸付人と直接の契約の相手方ではない第三者）であるため、第三債務者といわれる）から質権設定に関する承諾を取得することが借入人に義務付けられることとなるが、この承諾書を取得する作業には大変な労力を要することがあり、承諾書の取得を行うことについてスポンサー及び借入人から抵抗を受けることもある。なぜなら、原則として借入人が締結することとなるプロジェクト関連契約の全てについてこのような承諾書の取得が必要となる上に、第三債務者としては、自らの契約の相手方ではないシニアレンダーに対して承諾書を提出すること自体に抵抗感がある場合もあり、その内容に異議を唱えることも多いためである。

そもそも、第三債務者から質権設定についての承諾を取得することがなぜ必要なのかというと、一義的には質権設定について対抗要件を具備するためである。不動産等については登記制度が存在し、不動産に関する権利の得喪（所有権の取得や抵当権の設定）については登記が対抗要件となるが（民法177条）、債権質権については、第三債務者から承諾を取得し、それに確定日付を付することによって債務者及び第三者に対する対抗要件が具備される（民法364条、467条）。この点、債権質権の対抗

要件具備方法には、第三債務者から承諾を取得する方法のほかに、第三債務者に対して確定日付ある証書により通知する方法や債権譲渡登記制度による方法もあり、第三債務者からの承諾の取得という第三債務者の協力が必須となる方法をとる必要はないようにも思われる。

　もっとも、貸付人としては、その他の理由からも、第三債務者からの承諾の取得を必要とする場合がある。すなわち、①プロジェクト関連契約においては、同契約に基づく債権の譲渡や質権設定については相手方の承諾が必要とされている場合があり、かかる承諾を取得しなければならないときがある。また、②解除制限条項を含むプロジェクト・ファイナンス条項（第4章3(7)・108頁参照）や、プロジェクト関連契約のレビューを踏まえて発見された問題に対応するための条項であってドキュメンテーションのプロセスとの関係で同契約中には規定することのできなかったものについても第三債務者から承諾を得る必要がある（その限りにおいて、かかる承諾書は、直接協定（第1章2⑤・15頁参照）の代替としての機能を有する場合があるといえる）。このようなことから、対抗要件具備方法としては承諾の取得が必須というわけではないものの、承諾書の取得が必要になる場合が多い。

　以上のとおり、承諾書の取得については、借入人や第三債務者からの抵抗に遭うこともあるものの、取得することが必須である場合が多いといえる。取得しないことを検討できるのは、譲渡等の制限の解除や直接協定的な機能を期待する必要がない例外的な場合に限られる。そうした場合でなければ、第三債務

者からの抵抗に遭うときには、できる限り承諾書の内容を第三債務者に納得してもらいやすいものに変更する等の譲歩を行いつつ、取得を目指すこととなる。

b 契約上の地位譲渡予約の場合

プロジェクト・ファイナンスにおいて締結される担保関連契約のうち、ほかに第三債務者からの承諾書の取得が問題となるものに契約上の地位譲渡予約契約がある。これは担保権実行によるStep Inのうち、別のSPCに借入人SPCの有するあらゆる資産や契約関係を移転させる方法でなされるStep Inに備えて締結されるものであるが、この地位譲渡予約契約との関係でも第三債務者の承諾が必要となる。

すなわち、ある契約の当事者の一方（以下「地位譲渡人」という）が第三者（以下「地位譲受人」という）に当該契約上の地位を譲渡しようとする場合、地位譲渡人は、当該契約の相手方から当該譲渡についての承諾を取得しなければならない（民法539条の2）。契約上の地位譲渡予約とは、借入人が他の第三者との間で締結しているプロジェクト関連契約について、当該プロジェクト関連契約上の借入人の地位を貸付人が指定する者に対して移転することを予約するものであるところ、少なくとも、予約に係る権利（予約完結権）行使の結果として実際に契約上の地位を移転するためには、プロジェクト関連契約の相手方（貸付人との関係で第三債務者に当たる）の承諾が必要になるのである。なお、ある契約の当事者の一方（以下「債権譲渡人」という）が第三者に当該契約上の債権を譲渡しようとする場

合、債権譲渡人は、原則として、当該債権の譲渡を行うために当該契約の相手方から承諾を取得する必要はない。168頁①のとおり、対抗要件を具備する目的や債権譲渡制限特約が付されているために承諾を取得する必要があるにとどまる。契約上の地位の譲渡に契約の相手方の承諾が必要となるのは（すなわち、これは対抗要件の具備のためではないから、前述した確定日付ある通知等で代替することはできない）、契約上の地位の移転には、地位譲渡人が当該契約に基づき負っている債務を地位譲受人に移転させるという要素が含まれており、契約の相手方の承諾なくして契約上の債務の負担者を変更することは、地位譲渡人の債務履行能力に信頼して契約関係に入った当該契約の相手方の保護に欠けるからである。

　かかる相手方（第三債務者）の承諾の取得時期については民法に定めはない。契約の相手方を保護するために要件とされている承諾を当該相手方が任意に行っている以上、その承諾が実際の契約上の地位の移転よりも前（具体的には、予約時の承諾時点）になされていたとしても、かかる承諾は有効であると解することも合理的であるように思われるものの、当該契約の地位譲受人さえも未確定の段階でなされる事前の包括的な承諾の有効性については疑義が残るというのが一般的な見方である。したがって、実務上は、実際にプロジェクト関連契約を第三者に移転する場合に改めて第三債務者の承諾を取得することが予定されており、かつ、予約時点において取得する承諾書においてかかる契約上の地位の移転時の承諾を行うことについても第三債務者の承諾を得ることが一般的である（長島・大野・常松法

律事務所編『アドバンス債権法』562頁以下（商事法務、2023年）参照）。

> **コラム⓾**
>
> ## 数年ごとの承諾書の取得
>
> 　前述の債権質権に関する第三債務者の承諾の取得については、数年ごと（例えば５年ごと）に改めて承諾を取得しなければならないとされているプロジェクトが多い。このようなプラクティスは、将来債権の譲渡の有効性に関する初期の判例（最判平成11年１月29日民集53巻１号151頁。８年３か月にわたる将来の診療報酬債権の譲渡に関するものである）などを踏まえて行われてきたものと思われる。もっとも、当該判例自体、一つの具体的な事実関係についての判断を示したものであり、「８年３か月」より短いか長いかが有効性のメルクマールになるというルールを示したものではなく、将来債権譲渡の有効性について民法に明文も置かれた中（民法466条の６）、以上のようなプラクティスを継続していくか、また、継続していくとして承諾の再取得の間隔をどのように設定していくかについては個別案件ごとの判断に委ねられているものといえよう。

■ 著者略歴 ■

村治　能宗（むらじ　よしむね）
長島・大野・常松法律事務所パートナー
2008年12月弁護士登録。2015年Duke University School of Law卒業（LL.M.）。2015～2017年Haynes and Boone, LLP（Dallas）勤務。2017年～2019年株式会社日本政策投資銀行ストラクチャードファイナンス部勤務。

松本　岳人（まつもと　たけひと）
長島・大野・常松法律事務所パートナー
2008年12月弁護士登録。2017年University of Washington School of Law卒業（LL.M.）。2013～2015年国土交通省勤務。2015～2016年株式会社みずほ銀行プロジェクトファイナンス営業部勤務。2017～2020年長島・大野・常松法律事務所シンガポール勤務。

■ 編著者略歴 ■

勝山　輝一〔かつやま　てるかず〕

長島・大野・常松法律事務所パートナー
2002年10月弁護士登録。2008年Northwestern University School of Law卒業（LL.M.）。2008～2009年Kirkland & Ellis LLP（Chicago）勤務。2009～2011年株式会社日本政策投資銀行ストラクチャードファイナンス部勤務。

KINZAIバリュー叢書L
実務プロファイ読本

2025年2月20日　第1刷発行

編著者　勝　山　輝　一
発行者　加　藤　一　浩

〒160-8519　東京都新宿区南元町19
発　行　所　一般社団法人　金融財政事情研究会
　　編集部　TEL 03(3355)1721　FAX 03(3355)3763
　　販売受付　TEL 03(3358)2891　FAX 03(3358)0037
　　　　　URL https://www.kinzai.jp/

DTP・校正：株式会社友人社／印刷：文唱堂印刷株式会社

・本書の内容の一部あるいは全部を無断で複写・複製・転訳載すること、および磁気または光記録媒体、コンピュータネットワーク上等へ入力することは、法律で認められた場合を除き、著作者および出版社の権利の侵害となります。
・落丁・乱丁本はお取替えいたします。定価はカバーに表示してあります。

ISBN978-4-322-14512-0

創刊の辞

　2011年3月、「KINZAIバリュー叢書」は創刊された。ワンテーマ・ワンブックスにこだわり、実務書より読みやすいが新書ほど軽くないをコンセプトに、現代をわかりやすく切り取り、かゆいところに手が届く、丁度いい「知識サイズ」に仕立てた。

　ニュース解説に留まらず物事を「深掘り」した結果、バリュー叢書は好評を博し、間もなく第一作の「矜持あるひとびと」から数えて刊行100冊を迎える。読者諸氏のご愛顧の賜物である。

　バリュー叢書に通底する理念は不易流行である。「金融」「経営」などのあらゆるジャンルに果敢に挑戦しながら、「不易」—変わらないもの—と「流行」—変わるもの—とをバランスよく世に問うことである。本叢書シリーズは決して色褪せない。それはすなわち、斯界の第一線実務家や研究者が現代を切り取り、コンパクトにまとめ、時代時代の先進的なテーマを鮮やかに一冊に落とし込んでいるからだ。次代に語り継ぐべき大切な「教養」や「斬新な視点」、「魅力溢れる人間力」が手本なき未来をさまようビジネスパーソンの羅針盤になっているものと確信している。

　2022年12月、新たに「Legal」を加え、12年振りに「バリュー叢書L」を創刊する。不易流行は変わらずに、いま気になることがすぐにわかる内容となっている。第一線実務家や研究者はもとより、立案担当者や制度設計に携わったプロ達も執筆陣に迎えている。

　新シリーズもまた、混迷の時代、先が見通せないと悩みながら「いま」を生き抜くビジネスパーソンの羅針盤であり続けたい。

　　　　　　　　　　　　　　　　　　　加藤　一浩